山本 寛(著)

人事労務担当者のための

「リテンション・マネジメント」

人材流出を防ぐ
実践的アプローチ

日本法令

まえがき

深刻化する人手不足状況下における人材定着（リテンション）

　わが国では、多くの業種・職種で日常的に人手不足が言われています。その背景にあるのが、わが国の人口減少と構造的な少子高齢化の進行です。その結果として、多くの業種、企業で採用難が深刻化しているのです。また同時に進行しているのが、転職の一般化です。これまでわが国は、欧米と比べて転職市場の整備は遅れていると言われてきました。

　しかし、職業安定法の改正による職業紹介事業の拡大を受け、人材紹介ビジネスは活況を呈してきました。また、終身雇用慣行の部分的崩壊や働く人の組織への帰属意識の低下によって、自発的な転職は長期的に増加傾向にあります。そして、多くの人々が労働市場における自身の位置づけや評価に注意を向けるようになってきたのです。現代は、スマホを何回かタップすることで、転職先の企業を探すことができ、同時に自分の「市場価値」を知ることができる時代になってきました。手のひらの上に転職市場があるとも言われています。これらが重なって人手不足がますます深刻化しているのです。

　もちろん、これまでも少しでも人手不足を解消していくための努力がなされなかった訳ではありません。働く意欲があるにも関わらず、これまで働いてこなかった方に少しでも働いてもらうため、様々な努力が重ねられてきました。例えば、これまで女性や高齢者のさらなる活躍を促進するために、男女雇用機会均等法や高年齢者雇用安定法等の改正という形で、性別による採用や昇進の差別の撤廃や雇用の延長等が進められてきました。また、どのような立場・環境にある人々も働き続けることができる、すなわち働きやすさを向上させるために、企業等の組織で、長時間労働の是正や正規社員と非正規社員との不合理な差別の解消等、働き方改革が推進されてきました。もちろん、これらの改正ではいまだ不十分な点は残っています。しかし、例えば、わが国の高齢者の就業率はグローバルで見ても高くなってきた等、今後のさらなる人手不足解消の切り札にはなり切れないと考えられます。

　さらに、近年、ロボットの導入や外国人労働者の活用が叫ばれています。しかし、特に中堅・中小企業でそれまで人が担ってきた仕事を全面的にロ

ボットに置き換えるには導入費用等、相当のコストがかかると言われています。また、技能実習制度の改革等も進み外国人労働者の人数自体は増加してきました。しかし、特に人口減少に歯止めがかからない地方では、都市部との賃金格差もあり、一部の成功例は見られますが、全体的には期待通りに進んでいないのが実状です。新しい従業員の採用やロボットのさらなる導入はこれまで以上に進める必要がありますが、それぞれに課題があり、人手不足解消のための切り札にはなっていないのが現状です。

そこで注目されるのが、現在働いている貴重な従業員にできるだけ長く勤務してもらい活躍してもらうという人材定着（リテンション）であり、それを向上させるための組織の施策を意味するリテンション・マネジメントなのです。もちろん、質・量ともに潤沢な人が採用できれば、リテンションについてそれほど強く促進しなくても良いかもしれません。しかし、人口減少下にある現在の採用難を根本的に解決していくことが困難だとすれば、リテンションに取り組む必要性はどの組織でも高いといえます。また、リテンションがうまくいった組織では採用への好影響があると言われています。つまり、知り合いが長く勤めて活躍している企業に入社したいと思う人は少なからずいるだろうと考えられるからです。

本書では、以上の趣旨のもと、他の方法と並び人手不足の解消に少しでも役立つと考えられるリテンションについて明らかにしていきます。特に、企業を中心とする組織がどのような施策を導入することでリテンションを向上させる可能性が高いかについて、具体的な施策に触れ、さらに成功した組織のケースも取り上げました。その際、リテンションに関連して組織や個人を対象に行われてきたアンケート調査の結果や、現場で働く人々、組織の経営者・人事担当者の方々への聞き取りの結果も活用していきます。

これまで、筆者は研究書である『人材定着のマネジメント』で、組織や働く人から収集した多くのデータを用い、何がリテンションを促進するか、リテンションの向上によってどのような結果がもたらされるか等について実証的に分析してきました。その後、一般書である『なぜ、御社は若手が辞めるのか』および『連鎖退職』では、多くの組織や個人を対象に行った聞き取りの結果を踏まえ、リテンションについて深掘りしてきました。

そして、前書にない本書の新たな特徴として、以下の7点が挙げられます。第1が、近年の新しい施策や動向を、リテンションのためのマネジメン

トの観点から取り入れた点です（第5章）。具体的には、転勤の見直し、アルムナイ（卒業生）制度、リテンションボーナス、副業・兼業の容認、テレワーク等です。第2が、働き方改革以降注目されている働きがいやエンゲージメント向上の果たす役割に触れた点です（第7章）。第3が、リテンションにおいて重要ですが見過ごされがちな管理職の役割について、1 on 1ミーティングの活用等を含め言及した点です（第8章）。第4が、近年大企業を中心に注目されている人的資本経営との関係を探索した点です（第9章）。第5が、人材不足が深刻な介護事業所における介護職を、個別のケースとして取り上げ深掘りした点です（第10章）。第6が、組織現場でマネジメントとして行う場合の参考にしていただくため、リテンションの指標について詳述した点です（第2章）。第7が、一部前書でのデータや聞き取り結果等も引用していますが、できるだけ新しいデータや調査結果を取り入れた点です。

　また、これまでの著書を読んでくださった方ばかりではなく、リテンションについて初めて本書を手に取っていただいた皆様にも読みやすいよう、リテンションが求められる状況や意味づけ等について触れています。

　さて、本書を読んでいただくことで、まずは、これから人事部門でお仕事をされる人事担当者の皆様を中心に、リテンション・マネジメントについて求められる基礎的な知識を身につけていただきたいと思っています。また、就職や転職を考えている皆様の会社研究の一環として、リテンションという視点からご自身が身を置きたい組織を考えてもらう際の参考にしてもらいたいと思います。さらに、自社の人事課題として、採用や能力開発への関心が中心になりがちな経営者の方々に、現在勤めている社員の方々の重要性を再認識していただくきっかけになればと思っています。

　本書の完成までには、筆者の勤務先である青山学院大学の同僚の先生方をはじめ、多くの方々にご支援を賜りました。衷心よりお礼を申し上げます。また、出版事情厳しい中、本書の執筆をお勧めくださった株式会社日本法令の八木正尚様、田村和美様に深くお礼申し上げます。

　最後に、私事にわたりますが、日頃から筆者を励まし勇気づけてくれている妻、娘と息子に感謝したいと思います。

2025年春

山本　寛

目 次

第1章　社員のリテンションが重視される背景と現状 …… 13

1 ｜ リテンションとそのためのマネジメントが必要とされる背景とは …… 14

2 ｜ リテンションが企業の競争優位につながる理由 …… 16

3 ｜ リテンションを困難にする転職の増加 …… 17

4 ｜ リテンションがうまくいかなかった組織では …… 19

5 ｜ 従業員退職型の人手不足倒産とは …… 21

6 ｜ 経営者、管理職から見たリテンションの実態とその影響 …… 22

第2章　リテンション・マネジメントとは何か …… 25

1｜リテンションとは何か …… 26

2｜リテンションにおける定着・退職とは …… 27

3｜リテンション・マネジメントとは何か …… 29

4 ｜ リテンション・マネジメントと類似した「定着管理」とは …… 30

5 | リテンション・マネジメントの主体 31

6 | リテンションの指標 33

7 | リテンション・マネジメントの対象 38

8 | リテンションの分類 40

■ 1 選抜的リテンションと全社的リテンション 40

■ 2 ポジティブ・リテンションとネガティブ・リテンション 43

■ 3 金銭的報酬、非金銭的報酬、トータル・リワードによるリテンション 44

第3章 人はなぜ組織を辞めるのか ～離職の理由とは 45

1 | 離職理由を検討する必要 46

2 | 離職理由の本音と建前 48

3 | 離職理由をまとめると 52

第4章 リテンション・マネジメントの 全体像とその実態 55

1 | リテンションの人事課題としての位置づけ 56

2 | 組織文化（風土）と リテンション・マネジメント 59

3 | リテンションのために実施されている施策とは 61

4 | 組織が有効と考える リテンション・マネジメントとは 63

第5章 リテンション・マネジメントの 具体的な施策 67

1 | コミュニケーションの活性化 68

- 1 方向から見たコミュニケーションの活性化　68
- 2 従業員参加という視点　70
- 3 社内報　71
- 4 職場懇談会　72
- 5 ファミリーデー　73

2 | 採用管理 74

- 1 現実的職務予告　75
- 2 厳選採用　77

3 | 配置・異動管理 78

- 1 社内人材公募制度・FA制度　80
- 2 転勤の見直しや配慮　81

4 | 退職管理 88

- 1 退職時面接（面談）　89
- 2 アルムナイ（卒業生）制度　90

5 | 賃金・報酬管理 91

- 1 譲渡制限付株式の供与　93
- 2 ストックオプションの付与　94
- 3 従業員持株会の設立　95
- 4 成果給の増額　95
- 5 リテンションボーナス　96

6 | 能力開発 97

7 | 業績評価 100

8 | 福利厚生と労働時間管理 104

- **1** 福利厚生　104
- **2** 労働時間管理　107
- **3** 福利厚生と労働時間管理によるリテンション・マネジメント
　109
- **4** 副業・兼業の容認　112

9 | キャリア開発支援 115

- **1** 自己申告制度　118
- **2** キャリアデザイン研修　119
- **3** キャリアコンサルティング　119
- **4** メンター制度　121

10 | テレワーク 123

- **1** テレワーク導入の現状とその影響　124
- **2** リテンション・マネジメントとしての効果的なテレワークのあり方　127

11 | 中途採用者のリテンション・マネジメント 129

- **◎組織再社会化**　131

**12 | 戦略的人的資源管理の観点から見た
リテンション・マネジメント** 132

第6章　若手社員の離職の特徴とリテンション・マネジメント 137

1 | 若手社員の離職の現状 138

2 | 若手社員の離職理由 140

3 | キャリア発達段階から見た若手社員の特徴 ……… 143

4 | 探索期にある若手社員の特徴と
リテンション・マネジメント ……………………… 143

5 | 確立・発展期にある若手社員の特徴と
リテンション・マネジメント ……………………… 148

第7章 リテンション・マネジメントにおける働きがいやエンゲージメントの重要性 ……………… 153

1 | 働きやすさと働きがい …………………………… 154

2 | 働きがいとリテンションとの関係 ……………… 156

3 | 組織現場における社員のエンゲージメントとは …… 158

4 | わが国の組織従業員のエンゲージメントの現状と
組織の課題意識 …………………………………… 159

5 | エンゲージメント向上のために求められる
組織の取組み ……………………………………… 161

■ 1 組織の取組みの国際比較　161

■ 2 （社員同士の）称賛や感謝を促進する取組みとは　161

■ 3 表彰制度　164

■ 4 「ピア・ボーナス」、「サンクスカード」　166

■ 5 働きやすさの促進による働きがいの向上　169

■ 6 仕事で使うスキルの見える化による働きがいの向上　169

8

第8章 リテンション・マネジメントにおける管理職の役割 ……… 171

1 | リテンション・マネジメントにおける管理職の
役割 ……………………………………………………………… 172

2 | 組織内のコミュニケーションにおける管理職の
重要性 …………………………………………………………… 174

3 | 部下との関係の質を高めるには ………………………… 175

4 | 管理職が承認すべき部下の取組みとは ……………… 178

5 | 管理職の役割を強化するためには ……………………… 179

6 | 1 on 1 ミーティングの活用と褒め方研修 …………… 180

第9章 人的資本経営とリテンション・マネジメント ……… 183

1 | 人的資本経営とは何か ………………………………………… 184

2 | 効果的なリテンション・マネジメントのための
人材ポートフォリオとは ………………………………… 186

3 | 後継者の育成（計画） ……………………………………… 188

4 | 人的資本経営の観点から中小企業に求められる
対応とは ………………………………………………………… 188

5 | リテンションとの関連から見た人的資本経営に
関する企業事例 …………………………………………… 189

6 | リテンション・マネジメントと人的資本経営への
対応を両立させるには ―――――――――― 191

第10章　介護職の
リテンション・マネジメント ――――― 193

1 | 介護職の人材不足の状況 ―――――――――― 194

2 | 介護業界における離職率の現状 ―――――――― 196

3 | 離職理由、現施設への就職理由、職業として介護職
を選んだ理由 ――――――――――――――― 197

4 | 介護施設におけるリテンション・マネジメント ―― 200

5 | 効果的なリテンション・マネジメントの実例 ―――― 201

6 | 介護職のリテンションを促進するポイント ――――― 202

第11章　連鎖退職に陥らないためには
――――――――――――――――――――― 205

1 | 社員が次々と辞めていく連鎖退職 ―――――――― 206

2 | 連鎖退職とは何か ――――――――――――― 206

3 | 連鎖退職のパターン ―――――――――――― 207

4 | 連鎖退職が生まれやすい組織とは ―――――――― 208

5 | 連鎖退職の原因 ―――――――――――――― 209

6 | 連鎖退職による影響 ―――――――――――― 212

7 | 連鎖退職を予防するには ……………………………………… 215

**おわりに　リテンション・マネジメントの
今後に向けた課題** ……………………………… 221

＜引用文献＞　　226

第1章

社員のリテンションが
重視される背景と現状

ここでは、まず企業を中心とした組織においてなぜ社員のリテンションが重要なのかについて、データや経営全体の観点から見ていきます。

1 リテンションとそのためのマネジメントが必要とされる背景とは

　わが国では、構造的な少子高齢化が進行しています。まずは、**図表1-1**を見てください（内閣府，2022）。これは、働く人の中心世代である15歳〜64歳（生産年齢人口）の推移を示したものです。これまで最多だった1995年をピークに減少の一途をたどっているのがわかります。そして、2070年にはピーク時の半分近くにまで減少すると推測されているのです。こうした傾向を背景として多くの業種、企業で採用難が深刻化しています。さらに、転職が一般化しており、これらが重なって人手不足、人材不足がますます深刻化しています。

　数字以上に重要なのは、働いている人の感覚から見た人手不足でしょう。実際、「職場の人手不足感」について社員に尋ねた調査によると、「やや不足」と「かなり不足」とを合わせると6割近くに達しており、従業員規模ごとでも大差はありませんでした（労働政策研究・研修機構，2020a）。人手不足感が強い現代は、まさに人材獲得競争の時代といえ、逆の面から見ると、高業績人材がいつでも他社に流出する可能性がある時代なのです。実際、ある調査結果によると、企業も正社員も、人手不足の原因として、「新規の人材獲得が困難になっている」に次いで、「従業員の自発的な離職の増加」を挙げているのです（労働政策研究・研修機構，2019）。

　こうした採用が困難な状況では、在籍している社員に長く勤続してもらうリテンションが企業にとって重要にならざるを得ません。また、リテンションは企業の業績にも好影響を与える可能性があります。業種横断的にリテンションと組織業績との関係を調査した研究によると、リテンションの指標である「退職率の低さ」は企業業績（売上高・経常利益）の高さに寄与していたのです（山本，2009a）。同様に、これまでの膨大なリテンションと組

第1章　社員のリテンションが重視される背景と現状

■図表1-1　わが国の生産年齢人口（15歳～64歳）の推移

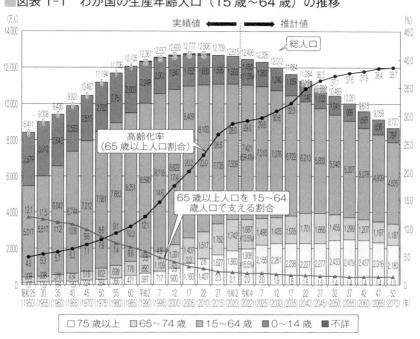

（出所）内閣府（2022）令和5年版高齢社会白書

織業績との関連性を調査した調査結果を、メタ分析[1]という方法でまとめた研究によると、退職率と組織業績との関係はネガティブ（負の相関関係。つまり退職率が低いほど業績が高い）で統計的に有意でした（Park & Shaw, 2013）。これらの調査結果は、退職率の低さがその後業績向上に結びつくという意味での原因と結果を示す因果関係ではありませんが、少なくとも両者の関係性は認められたといえます。

---

[1] 「同一の研究課題について個別に行われた複数の研究結果を量的に統合する手法」（産業・組織心理学会, 2009）であり、先行の実証分析の結果をデータとして統合して分析する統計手法の一つです。

2 リテンションが企業の競争優位につながる理由

　それでは、企業間競争が激化している現代、なぜリテンションは業績だけではなく、企業の競争優位につながるのでしょうか。

　近年多くの企業で、定着率が組織の人的資源管理の成功の指標として注目されるようになってきました。実際ある調査でも、企業が考える最も重要な人事課題の第2位が「優秀な人材の確保・定着」になっていました（第1位は「次世代幹部候補の育成」：日本生産性本部, 2012）。第1位の次世代幹部候補の育成にしても、多くの経営幹部が他社からのスカウトや転職者で占められている一部の企業を除けば、ある程度長く自社で仕事をし、経営理念を体得したような人材を幹部候補として育成したいと考えるのではないでしょうか。すなわち、定着率の向上がポイントになります。

　こうした状況にはいくつかの要因があります。これまで、若手を中心とした社員を長時間労働と残業代未払いなど、劣悪な環境下で酷使し、使い捨てるブラック企業の存在が大きな話題となってきました。その結果、採用難を背景として、大学生等の就職活動で、退職率の高い業種や企業が敬遠される傾向が顕著になってきたのです。なぜなら、現代の就活生は、SNS等で簡単に企業情報を知ることができるからです。逆に、退職率の低下（リテンションの向上）は、採用にプラスになります。実際、給食センターの運営会社V社では、「学校で『先輩が行ったところは割と雰囲気良さそうで楽しいよ。みんな勤めている』ことが伝わると、『あそこ行きたい』となる」そうです。そこで、多くの企業では営業目標等と並び、部下の定着率が管理職の重要な評価の要素になっているのです（山本, 2018）。また、美容室チェーンX社への聞き取りによると、店長を評価する要素として部下の美容師のリテンション、具体的には「平均在社月数」まで重視しているほどです。

　さらに現在、多くの組織が取り組んでいる働き方改革では、女性も男性も、高齢者も若者も、障害や難病のある方も、一人ひとりのニーズにあった、納得のいく働き方の実現を目指しています。つまり、働き方改革の目的は全ての人にとっての「働きやすさ」の実現と言い換えることができます。

働きやすいということは、多くの人にとって満足度の向上を伴って長く勤められるということでしょう。すなわち、働き方改革の成果として、リテンションの向上が求められているのです。

　そして、企業が社員のリテンションにある程度自信を持てれば、将来的に企業に役立つようなスキルの向上に投資をして、回収することもできるようになります。つまり、社員の能力開発やキャリア開発のための投資が活発化します。また社員の側も、組織に長期間在籍することで、様々な教育訓練によって職務遂行に必要なスキルを高めることが可能になるのです。それとともに、社員は長期的なキャリアプランを立てやすくなり、付随して、生活が安定し、心理的な安心感が高まることが想定されます。これらのことから、リテンションと社員一人ひとりの職務業績とのポジティブな循環が実現する可能性が高いのです。このように、現代では、リテンションの向上は、人材の採用にプラスになるなど、企業の競争優位につながる重要な要因となるのです。

3　リテンションを困難にする転職の増加

　リテンションの向上は企業の競争優位につながる重要な要因であることに触れてきました。しかし、それに立ちはだかる大きな壁が転職者の増加といえます。これまでわが国の組織では、日本的経営と言われる終身雇用と年功処遇の慣習によって、社員の定着率は欧米企業に比べて一般に高い状況が続いてきました。すなわち、終身雇用と年功処遇の慣習が社員をリテンションの方向へと導き、これらが実質的にリテンション・マネジメントの役割を果たしてきたともいえます。

　しかし、こうした状況は明らかに様変わりしてきました。現代は人材獲得競争の時代と言われ、多くの業種で、また業種を超えて有能な人材の争奪戦が激化しています。逆の面から見ると、現代は人材がいつでも流出する可能性がある時代なのです。実際、転職者数は300万人を突破し、右肩上がり

で増加してきました（総務省労働力調査）。同様に、転職等の希望者数も1000万人を突破し、年々増加し続けています。これまでは、35歳など「転職適齢期」といえるものがありました。しかし、総務省の労働力調査を経年で見ると、45歳以上の比率が高くなるなど、中年層の転職事例も増加し、わが国は本格的な転職社会に突入したといえます。

　こうした状況は欧米でも同様です。近年、アメリカで1か月に400万人以上が退職するという、大退職時代（Great Resignation）が社会現象として問題となりました。その背景には、コロナ禍がありました。しかし大きな特徴として、退職のほとんどが会社都合による解雇やレイオフではなく、社員が自らの意思で退職する自己都合退職であるという点が挙げられます。そしてその背景として、コロナ禍を受け感染を避けるリモートワークなどの働き方が増え、リモートワークがしづらい接客業や工場で働く人々が感染リスクへの不安を高めたという面がありました。

　離転職者の増加は、若手人材、優秀人材だけに限りません。高齢化の進行に伴い、介護離職者も増加し続け、10万人を超えています（総務省，2023a）。企業にとってこの問題が深刻なのは、介護離職者の多くが40〜50歳代であるということです。つまり、管理職や経営幹部等企業の中核を担う存在が突然辞めるという事態が生じる可能性があることです。このように、「ビジネスケアラー」と呼ばれる介護をしている労働者もある意味離職予備軍と考えられます。彼らも年々増加し続け、360万人を超えるようになりました。働き方改革のテーマにもなっている介護離職の問題に取り組んでいく必要性は非常に高いのです。

　さて、以上のような様々な要因の影響を別にしても、人はなぜ、転職するのでしょうか。もちろん、上司への不満、給与が低い、残業時間が長い等の不満、言い換えればマイナスの理由が多いでしょう。しかし、転職先を選ぶ際、ある程度は転職先へ満足していることが考えられます。そこで、実際転職した人の現在の転職先への満足度についての調査結果を見てみましょう（厚生労働省，2021a）。その結果、満足群（満足＋やや満足）−不満足群（やや不満＋不満）は40ポイントを超えていました。つまり、全体として転職して満足している人の比率は不満な人の比率を大きく上回っているのです。さらに、この調査では転職先の福利厚生や人間関係など個別の側面への満足度も尋ねています。その結果、全ての側面で満足群が不満足群を上回ってい

ました。最も差が大きかったのが、仕事内容・職種で60ポイントを超えており、最も差が小さかった賃金に対しても20ポイント近くありました。もちろん、調査対象には転職して時間があまり経過していない人も含まれており、満足度は時間とともに低下する可能性も考えられます。それでも、これだけ大きな差があるということは特筆すべきでしょう。

現代は多くの人がSNSで情報を発信する時代であり、多くの人が良かったこと、ポジティブなことを発信する傾向が強いと言われています。現在の職場で何らかの不満を感じた人がたやすくスマートフォン等で「転職して年収が○○円上がった」「転職してワーク・ライフ・バランスが良くなった」等の書き込みを見ることで、転職したいという気持ちが高まることは容易に考えられます。現代は、誰もが転職によるキャリア形成を考える時代といえるのです。

4 リテンションがうまくいかなかった組織では

以上、リテンションを困難にする要因として個人の面から見た転職の増加について述べてきました。それでは、組織から見て、リテンションがうまくいかなかった場合どうなるでしょうか。特に、高業績人材が退職したケースを想定してみましょう。欧米のいくつかの調査では、社員、特に高業績人材の退職は組織に損失を与えるという結果が示されています（山本, 2009a）。まず一般論として、これまで「高業績人材の持つスキルや知識は、他の社員で代替することは困難だ」という主張と、「代替は可能である」という二つの主張が長年、議論を戦わせてきました。しかし近年では、どちらの妥当性が高いかというよりは、高業績人材退職の埋め合わせができるまでの時間やコストが大きいという問題がクローズアップされてきたのです。

一般に、社員の退職による組織の損失は、短期的なものと長期的なものに分けられます。短期的な損失としては、別の社員の採用・配置転換や教育訓練、生産性低下に係るコスト、残った社員への業務負担等が考えられま

す。これまで触れてきたように、少子高齢化が進行しているわが国の採用難の状況を考えると、別の社員の採用にはかなりのコストと時間を要します。また、配置転換によって補うとはいうものの、人手不足もあり、多くの組織で人員の補充がすぐにはなされないという状況が広がっていることが聞き取りからも明らかになっています。配置転換によって補充できたとしても、新たに仕事を覚えてもらうためのOJTや、前任者が高業績人材だった場合の生産性の低下は避けられません。また、高業績人材が辞めた場合、一般的な社員が辞めた時よりも、残された社員に大きな影響を与えます。その理由の一つは、引き継がれる仕事量の問題です。高業績人材は、大量の仕事を抱えていることが多いからです。全体の業務量が変わらず、さらに配置転換等による補充がすぐになされなかった場合、残った社員が退職した人の分の仕事を分担して引き受けなければなりません。すなわち、退職者が多くの仕事を持っているケースほど、残った社員一人当たりの負担は短期的に大きくなります。[2]

　さらに、社員の退職は長期的にも組織に多くの損失を与えます。一般的な社員の場合でもそうですが、特に高業績人材は、暗黙のうちに必要とされる特有の知識・技能やノウハウを身につけています。そして、採用や配置転換で補充された社員はそれをイチから身につける必要があります。しかし、引継ぎの不備や困難さ等が加わり、高業績人材が退職すれば、それら「暗黙の知識」のかなりの部分は、喪失してしまいます。例えば、高業績を挙げてきた営業職社員が退職した場合、顧客との個々の人間関係が失われるだけでなく、それを短期間かつ効率的に構築するスキルも失われます。つまり営業職の退職は、現在だけでなく将来の顧客の喪失に結びつく可能性もあるのです。もともと、社員が持っている知識やスキルの移転はそう簡単ではありません。団塊の世代が定年を迎えることで、彼らの持っていたスキルやノウハウの次世代への移転が問題とされた2007年問題においても、スキル等のデータベース化等による完全な移転が困難だった例が多く見られました。人が持っている知識やスキルのかなりの部分は、その人自身に「囲い込まれている」のが実態なのです。

　また、残った社員のモチベーションに対するマイナス効果も考えられま

---

[2]　こうしたケースでは、第11章で詳述する連鎖退職が起きやすくなります。

す（「サバイバー・シンドローム」と言います）。高業績人材の退職が相次いだ結果、残った社員が「なぜわが社から、次から次に将来のエースが退職してしまうのだろう」、「わが社は将来大丈夫なのだろうか」と考えてしまうのは、ある意味当然かもしれません[3]。

　その他、期待されてきた高業績人材の退職によって、将来の経営者候補・リーダー候補を失うことも考えられます。実際、これらを通した高業績人材の退職による組織業績へのマイナスの影響は、具体的な金額の算定もされています（山本，2009a）。そして、こうした状況は、欧米と文化的背景に違いの見られるわが国の組織でも大きくは変わらないと考えられます。そのため、高業績人材等のリテンションは組織にとって重要な課題といえるのです。

5 ｜ 従業員退職型の人手不足倒産とは

　リテンションがうまくいかなかった企業が陥る最悪のパターンが倒産です。企業の倒産には様々な種類がありますが、広い意味で人手不足が原因による倒産を「人手不足倒産」と呼びます。人手不足倒産には求人難型、人件費高騰型、従業員退職型等の類型があります（東京商工リサーチ，2024）[4]。求人難型は、人手不足解消のため人材を募集しても集まらず、倒産してしまう場合です。少子高齢化による採用難を最も反映している倒産といえます。人件費高騰型は、人件費が高くなることで収支のバランスが崩れ、倒産に陥る場合です。業績が好調で売上が増加しても、人件費の増加により収益が減少し、事業継続が困難となり倒産するケースです。

　そして、最後の従業員退職型は、社員が退職することで人材が不足し、

---

[3] こうした状況は、第11章の「連鎖退職に陥らないためには」をご覧ください。
[4] 後継者難による倒産も、広い意味では人手不足倒産といえます。これは、代表者や幹部役員が高齢化した企業で多くみられ、後継者難で経営者や幹部層が不在になり、事業の継続が困難になることによる倒産です。

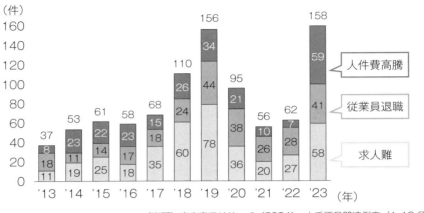

■図表 1-2　人手不足関連倒産の推移（2023年 1-12月）

（出所）東京商工リサーチ（2024）　人手不足関連倒産（1-12月）

事業継続が難しくなり、倒産するというケースです。社員のリテンションに最も関係する人手不足倒産といえます。前項で触れた高業績人材だけでなく、中核社員、幹部社員や重要な役割が集中している中堅社員の退職は、企業の経営に大きな影響を及ぼします。その影響を直接受けるのが従業員退職型の倒産といえます。そして、**図表 1-2** が近年の類型別の人手不足関連倒産の推移を示しています。特に近年、他の類型と同様に、従業員退職型の人手不足倒産も増加している傾向が見られます。最悪の倒産に至らないよう、リテンションを向上させる必要があるのです。

6 経営者、管理職から見たリテンションの実態とその影響

　最後に、わが国におけるリテンションの実態を、社員のリテンションの問題に実際に関わる経営者とマネジメント層を対象とした調査結果から見てみましょう（**図表 1-3**：あしたのチーム，2015）。この調査は社員数 300 名未満の企業を対象としています。「辞めてほしくない社員が辞めたことがあ

■図表1-3 「辞めてほしくない社員が辞めたことがある」に対する回答

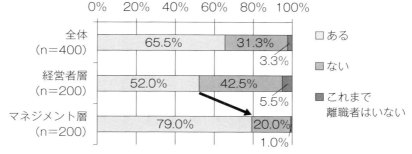

（出所）あしたのチーム（2015）中小企業の人事に関する調査

■図表1-4 「説得はできたか」に対する回答

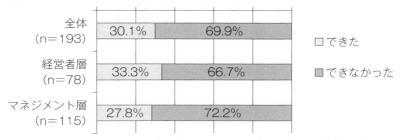

（出所）あしたのチーム（2015）中小企業の人事に関する調査

る」経験をした人が、特にマネジメント層で多く8割近くに上っていることがわかります。

　また、辞めてほしくない社員には説得をすることが多いと思いますが、「説得はできたか」という問いには、7割以上のマネジメント層が「できなかった」と答えています（**図表1-4**）。

　もちろん、憲法には職業選択の自由が規定されており、退職希望者が辞めたいと言えば、最終的にそれが通るのは当たり前です。つまり、残ってほしい人に皆残ってもらうという完全なリテンションなどそもそもあり得ないのです。

　また、「辞めてほしくない社員が辞めてしまったとき、どのような感情になったか」という問いに対しては「無念」という回答が最多でした。以下、

「不安」「悲しみ、切なさ」「焦燥」「後悔」の順で、多いと思われた「嫌悪」「怒り」は約2%にとどまりました。実際、無念や残念無念という言葉で表されるような感情は長く尾を引きやすいと言われています。「あの時私が○○と声をかけてさえいれば、あのとき会社に××のような制度があれば…彼（彼女）は辞めなかったかもしれない…残念だ」等、関わった人の中で長く残る可能性があるのです。この点もリテンションがうまくいかなかった場合のマイナスの影響といえるかもしれません。

　現在、若手社員を中心に、会社を退職したいと考えたときに社員に代わって退職の処理を行ってくれる退職代行というサービスが広がっています。筆者の聞き取りでも、「5万円払って退職代行を使っている現場の新卒1年社員がいた」（受託給食業M社）等の声さえ聞かれるのです。退職代行が多いのは、引き留めに合うのが嫌だからだと考えられます。辞めるほうは、速やかに、後腐れなく辞めたい。残った社員も、不安はあっても納得し、気持ちよく送り出すことができれば、周囲の人の退職に何らかの影響を受けて社員が次々と辞めていく連鎖退職[5]にはつながりにくいでしょう。

---

[5]　連鎖退職については、第11章で詳しく触れます。

第2章

リテンション・マネジメントとは何か

前章では、社員のリテンションの重要性について述べてきました。本章では、具体的なリテンションのための施策を見ていく前に、そのもととなるリテンションやリテンション・マネジメントとは何か、リテンションの指標、分類や影響要因、リテンション・マネジメントの対象について見ていきます。

1 リテンションとは何か

　リテンション・マネジメントについて考えていく前に、そのもととなる「リテンション」について検討していきます。

　リテンションは、英語の "retention" に由来しています。辞書や検索サイトでその一般的な意味を検索すると、「保持、保留、継続、引き留め」等であることがわかります。リテンションは人事以外の多様な分野でも使われます。代表的な分野がマーケティングと教育です。

　マーケティングの分野では、リテンションの対象は「（既存）顧客」となります。すなわち、リテンションが向上するとは、（既存）顧客を維持し続けることを意味します。具体的には、ある特定の期間で自社の製品やサービスを使用し続ける顧客の比率を「リテンション率（リテンションレート）」として計算します。このことからもわかるように、マーケティングの分野でリテンションが重要であることは言うまでもありません。

　教育（特に高等教育）の分野でも使われます。その場合、リテンションの対象は「学生」となります。例えば、大学の学部であれば、4年間休学等をせずに卒業単位を取得して卒業してもらうことを意味します。現在、わが国では18歳人口の減少も背景に、（入学）定員割れになる私立大学がかなりの比率に上っており、大学経営において受験生を確保することは喫緊の課題となっています。4年間で卒業できない人が多い大学に入学したいと思う人は少ないでしょう。そこで、学生のリテンションは受験者数減少を少しでも食い止めて大学の経営を安定させる重要な要因となるのです。さらに高校生

やその親からすると、望む就職先へ就職できることも受験先を選択する重要な要因となります。こうして、学生のリテンションは将来の就職の問題も含め、大学にとって重要な課題となっています。

さて、本書で問題としているリテンションは、組織の人事管理、人的資源管理の分野に含まれます。その対象は「社員、従業員」であり、従業員を組織内に確保することを意味します。他の分野と区別するため、英語で従業員を意味する"employee"を使い、"employee retention"と呼ぶことがあります。そして、リテンションが改善・向上した成果として、従業員の勤続期間の長期化すなわち定着につながるのです。つまり、リテンションは従業員を雇用している企業などの組織を主体とする概念であり、組織が行う具体的なマネジメントを問題としています。関連する学問分野は経営学であり、その中で特に密接に関連する分野は人事管理論、労務管理論、人的資源管理論となります。

2 リテンションにおける定着・退職とは

リテンションが従業員に長く勤務してもらうことだとすれば、その逆は退職ということになります。リテンションと比べ、退職についてはこれまで多くの調査研究が蓄積されてきました。以下では、働く人の退職について整理していきたいと思います。以下の**図表 2-1** を見てください。

退職とは言葉通りとらえると現在の職業を退くことを言いますが、通常は当該事業主との雇用関係が終了すること、つまり労働契約の終了を意味します。退職によって、当該組織の構成員から外れるため、その組織の人的資源管理の対象でもなくなることになります。一般的な用語としては、「離職」と同じ意味となります。

退職と類似した概念に転職や引退があります。これらはどのように異なるのでしょうか。転職は、勤務先の組織または雇用主を変えることを意味するため、異なる組織へ移ることを前提とします。それに対し、引退は退職の

■図表 2-1　退職の類似概念との関係

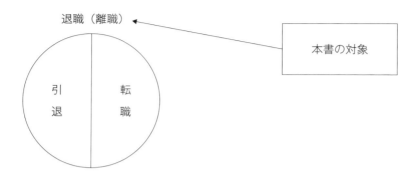

うち無職状態になることを前提としたものといえます。つまり、退職の結果として転職または引退となりますが、通常リテンションにおいては社員の退職後については検討対象とはしてきませんでした。

　リテンションも退職と同様、働く人の広い意味での「移動」に関する概念といって良いでしょう。リテンションは雇用関係の継続を意味することから、「移動しない」つまり定着することを意味します。移動に関する調査研究の中では、退職は経済学、経営学、社会学、心理学を中心に幅広く検討されてきましたが、リテンションの問題はあまり取り上げられてきませんでした。また、リテンションは組織の人的資源管理においては、退職管理と密接な関連がありますが、これまで、リテンションと退職管理との関係はあまり検討されてきませんでした。しかし近年、深刻な人材不足等を背景に、将来のリテンションに向けた広い意味での退職管理も導入されるようになってきました。一例として、退職時面接（面談）やアルムナイ（卒業生）制度が挙げられます[6]。

---

[6]　これらについては、第5章の退職管理で詳しく触れます。

3 リテンション・マネジメントとは何か

　さて、リテンションについて様々な角度から検討してきましたが、近年、組織のマネジメントとして、「リテンション・マネジメント」という呼称が使われるようになってきました。これにはどのような意味が含まれているのでしょうか。これまでは、「高業績を挙げる（または挙げることが予想される）従業員が、長期間組織にとどまってその能力を発揮することができるようにするための、人的資源管理施策全体」と考えられてきました。つまり、長く勤続するだけではなく、能力を発揮して活躍することも意味しています。しかし、対象としては、社内の高業績人材と将来の高業績人材の候補である若手人材を想定してきました。

　しかし、人手不足が深刻なわが国の現状から、対象である社員の範囲は明らかに拡大してきました。多くの組織でリテンションの重要な対象となってきたのが女性社員です。男女雇用機会均等法や女性活躍推進法の施行や内容の拡充、SDGs における注目等、社会的な要請の高まりを背景に、多くの企業で女性活躍のさらなる促進を目標とするようになってきました。さらに、多くの職場で非正規社員が占める比率が増え、同時にこれまで正規社員が担ってきた仕事を担当するようになってきました。これらの状況から女性社員や非正規社員がリテンション・マネジメントの重要な対象となってきたのです。実際、筆者が聞き取りをした美容室チェーン X 社の社長は、リテンションの対象は「非正規社員を含む全員」と明言していました。

4 リテンション・マネジメントと類似した「定着管理」とは

　リテンション・マネジメントと類似したマネジメントとして、以前から使われてきたのが「定着管理」です。これは、社員の定着（または定着率）を高めるための人的資源管理を指します。わが国では高度経済成長に伴い、1960年代前後から使われるようになりました。多くの企業で、業績拡大による人材不足、特に若年勤労者の不足が深刻化し、対策として、独身寮の整備や新入社員に対する先輩社員の付添いなどが盛んに導入されたことを指します（津田，1993）。

　しかし、リテンション・マネジメントとの違いとして以下の点が挙げられます（山本，2009a）。

　第1に、定着管理は、その対象を主に入社間もない若手社員としていました。それに対して、リテンション・マネジメントで想定しているのは、若手社員よりも範囲が広いという点があります。具体的には、前述したように高業績人材や女性社員などです。

　第2に、定着管理はその発祥が比較的古いため、含まれる人的資源管理の範囲が福利厚生管理や能力開発管理に限定されていました。それに対して、第5章で後述するように、リテンション・マネジメントに含まれる施策の範囲は人的資源管理のほぼ全領域に及び、非常に広いという特徴があります。

　しかしその後、定着管理という用語は、文献やマスメディアであまり取り上げられなくなってきました。これには、多くの企業でリストラが広く実施され、終身雇用慣習が徐々に衰退してきたことによって、企業が全社的なマネジメントとしての定着管理をいわば否定するようになってきたからだと考えられます。また、具体的にどのような戦略や施策が定着率の改善に役立つのかについての知見があまり明らかにならなかったことも影響していると思われます。しかし前述したように、転職の一般化と人材獲得競争の激化によって、従来から必要であった従業員の引き留めや定着の問題が新たにクローズ・アップされ、より効果的な施策が求められるようになってきまし

第2章　リテンション・マネジメントとは何か

た。すなわち、リテンション・マネジメントの重要性が高まってきているのです。リテンション・マネジメントは、定着管理の精神を継承するとともに、それに新しいアイディアや発想を取り入れたものだといえます。そして、人手不足の深刻化により、福利厚生と能力開発だけではなく、入社から退職までほとんどの人的資源管理に関する施策を動員することが、リテンション・マネジメントとして必要になってきました。

5 リテンション・マネジメントの主体

　それでは、リテンション・マネジメントを実施する主体、実行者は、組織の中で具体的にどのような組織や人々なのでしょうか。これは、組織における人的資源管理の主体のことでもあります。人的資源管理の主体として、一般には人事部等の専門部門が第一に考えられます。しかし、それだけではありません。その他として、代表取締役等の経営トップ、部署の管理職、さらには労働組合（の代表者）も該当します（森, 1989)。そこで、それらが、リテンション・マネジメントにおいてどのような役割を果たしているかを見ていきます。

a. 人事部等の専門部門

　人事部は、スタッフ部門として、リテンションを含む人的資源管理に関する専門知識を駆使し、リテンション向上につながる実際の制度、例えば短時間正社員制度や上司と部下との定期面談（1 on 1ミーティング）等を策定し、その運用に当たります。さらに、b. 経営者、c. 管理職等、他の主体へ、リテンションに関する資料やデータ（離職率等）の提供、指導・援助等を行います。さらに、採用面接、研修等、リテンション向上につながる日常の人事関連業務の企画、運用を行います。

31

b. 経営者

a. 人事部門や c. 管理職の行うリテンション・マネジメントの基本となる全体的な方針を策定します。そこで、リテンション向上につながるような、経営理念に基づく行動方針の策定や労働組合との団体交渉の決定等を行います。

c. 管理職（部課長）

管理職は、リテンション・マネジメントの対象である従業員に日々直接接する存在です。具体的には、従業員に対するリーダーシップを発揮して、彼らの監督、業務指導、業績評価等を行います。その中で、組織全体の方針を部下の日常の行動につなげるようわかりやすく翻訳して伝える、部下の成長に資するような職務配置を行う、部下との定期面談等の実施によるコミュニケーションの活性化によって離職の兆候を察知する等、リテンション向上につながる様々な役割を果たします。[7]

d. 労働組合（の代表者）

労働組合は、不当な解雇や安易なリストラをなくし組合員の雇用の維持・安定、待遇改善を目的としています。そのためにも、組合は、労使関係を円滑にする重要な役割を果たしています。わが国企業の組合の多くは労使協調路線をとっていることもあり、まさに、リテンションは労使双方の共通目標となります。また組合は、リテンションの主要な対象である若手社員の気持ちや生活実態を、（場合によっては）b. 経営者より深く把握していると考えられます。そうした観点から、待遇改善による働きやすさの向上や懇親やレクリエーションを含む組合の諸活動によって、組織の魅力を高めていくことはリテンション向上につながると考えられます。これまで労働組合は、リテンション・マネジメントの主体としてはあまり取り上げられてきませんでしたが、人手不足の深刻化が進む中、今後その役割はますます大きくなっていくと考えられます。

以上のように、リテンション・マネジメントを実施する主体、実行者は

---

[7] リテンション・マネジメントにおける管理職の役割については第8章で詳しく触れます。

多様であり、かつそれぞれの特徴を活かした活動と活動の有機的な結合・連携によって、組織全体としてリテンション・マネジメントが有効に働くといえます。

6 リテンションの指標

　リテンションの向上をマネジメントとして行う以上重要になるのが、定量的な指標です。これを、リテンション・マネジメントの観点から考えていきましょう。最も代表的な指標が定着率です。定着率とは、在籍している社員が一定期間の後、どの程度在籍（定着）しているかを示す指標です。例えば、新入社員が100人入社し、1年後にそのうちの90人が在籍していた場合、入社1年目の定着率は、「90人÷100人＝90％」となります。さらに、3年後在籍者数が70人になった場合、「70÷100＝70％」で、3年後の定着率は70％と計算されます。このように、起算日を年度の初めとして、年単位で計算することが一般的です。基準とする期間は自由に設定することが可能ですが、早期退職を課題とする企業が多いことから、入社1年後、3年後等、短めに設定することが多く見られます。以上は、特定の入社年次に絞った定着率ですが、全社員、あるいは正社員全員を対象に算定する期間を決めることで同様に計算することができます。

　離職率を計算している企業も多いでしょう。定着率と同様、一定期間における離職者数を計算することで離職率を算出します。または「100％－定着率」によっても算出することができます。

　リテンションの指標として定着率（離職率）を考える場合、いくつか留意する点があります。

　第1が、企業間で定着率（またはその逆の離職率）を比較する場合、業種や職種による違いを考える必要があるという点です。毎年発表される厚生労働省の雇用動向調査によると、業種別の離職率の差はかなり大きいものがあります。そこで、自社のリテンションを向上させようとする場合、いきな

り他の業種の企業と離職率等を比較するより、まずは同業種の企業と比較することから始め、同業種内でのリテンションの課題を考えていくほうが良いと考えられます。

第2が、会社都合の退職者を対象に含まないよう注意するという点です。特に、雇用調整（いわゆるリストラ）を実施した企業の場合、算定に注意する必要があります。

第3が、リテンション・マネジメントの観点から見た場合、企業が何らかの施策を実施した後の定着率の変化を見る必要があるという点です。施策の実施後、リテンションの向上効果が見られるまで時間を要する場合もあります。ある程度の期間観察する必要があるといえます。

定着率以外にはどのような指標があるでしょうか。前述したように、代表的な指標として、平均勤続期間（年数）があります。平均勤続年数とは、「現在勤務している社員の勤続年数を平均した数値」です。入社から退社までの平均在籍期間（年数）と間違える可能性があるので注意が必要です。これは、組織目標を達成するための重要な業績評価の指標（KPI）に当たり、長期化することが働き方改革の重要なKPIになっています。平均勤続年数が長い企業のほうが、一般にリテンションがうまくいっていると考えられます。社内の部署間で在籍者の平均勤続年数を比較することも可能です。自社のリテンションを向上させようとする場合、いきなり他の業種の企業と比較するより、まずは同業種の企業と比較することから始めるほうが良いのは定着率の場合と同じです。

定着率と平均勤続年数以外にリテンションを測る指標はあるでしょうか。これまでリテンションに関する調査で使われてきた指標を、測定の単位（組織全体か個人単位か）と特性（客観的指標か主観的指標か）とで分類したのが、**図表 2-2** です。本書はリテンション・マネジメントの観点から執筆していますので、マネジメントを測定する観点から見ていきます。

先ほど挙げた離職率および平均勤続期間は、組織全体を単位とする客観的指標に該当します。それでは、リテンションはもともと組織全体のマネジメントの観点で考えられるのに、なぜ個人単位の指標が使われてきたのでしょうか。本書は、社員のリテンションを向上させるためどのような施策を行うかをテーマとしています。そして、同じ組織で同じ施策を実施しても人によって施策に対する理解度や満足度などの「受け取り方」は異なるでしょ

う。また、それらの「受け取り方」が、本人が定着するか離職するかの判断に影響する程度やプロセスは異なるでしょう。こうした点から、組織のリテンション・マネジメントが組織全体の指標に影響するという関係の検討だけでは不十分であることが指摘されてきました。そのため、リテンション・マネジメントが定着か離職かの行動に影響するプロセスにおける属性や職種等様々な個人的要因による違いを検討するため、個人単位の指標が使われてきました。

また、なぜ主観的な指標が使われてきたのでしょうか。一般に、人が行動を変化させる前には心理的な変化が生じると考えられます。この心理的な変化を態度の観点から見てみましょう。社会心理学では、態度は個人の内的な反応を示し、その後に起こる行動を予測するために考えられた概念だとしています。つまり、実際に離職する前に示される（主観的な）態度を把握することは、離職防止というリテンションの目的にとって重要だといえるからです。ここには、多分に調査上の制約も関係してきます。特に、個人単位のリテンションを客観的な指標だけで測定しようとすると、離職後に元社員に調査する必要があります。しかし、実際に調査することが困難なため、他の指標で補う必要があるからです。

それでは、以下に組織単位の客観的指標である離職率と平均勤続期間以外にこれまで使われてきた指標を見てみましょう（**図表 2-2**）。

■図表 2-2　リテンション指標の分類

測定単位 ＼ 特性	主観的	客観的
個　人	離職意思	離職行動・勤続期間
組　織	リテンションの程度	離職率／平均勤続期間

a. 離職行動

　　個人を単位とする客観的指標に該当します。企業が何らかの施策を実施した後、離職行動をとらなかったか（定着し続けたか）、離職行動をとったか（離職したか）を調べる縦断的な調査を行うことで検討できます。企業の施策の実施が、その後の社員一人ひとりの離職の防止に結びつく可能性があるかどうかがわかるという利点があります。しかし、離

職した社員に離職前の企業で実施された施策等を尋ねる必要があるため、実施は簡単ではありません。それでも離職（決定）直後のほうが調査の可能性は高いと考えられます。方法としては、第5章で後述する退職時面接の際に実施すること等が考えられます。

b. 勤続期間（年数）

　前述した組織単位の平均勤続期間（年数）とは異なり、個人を単位とする客観的指標で、社員一人ひとりの現在までの勤続期間を示します。具体的には退職者の退職までの勤続年数等で測定します。これまであまり使われてきませんでしたが、企業の何らかの施策の実施が社員ひとりの勤続期間の長さと関連が明らかになる可能性があります。ただし、この指標も離職行動と同様に、離職した社員に離職前の企業で実施された施策等を尋ねる必要があるため、実施は簡単ではありません。a. 離職行動と同様、後述する退職時面接の際に実施すること等が考えられます。

c. 離職意思（定着意思）

　個人を単位とする主観的指標であり、退職を決定する直前の意思を示します。リテンション・マネジメントの調査では退職率に次いで多くの調査で使われてきました。

　アンケート調査で尋ねる場合、例えば「現在所属している会社を辞めたいですか」という質問に「1 当てはまらない〜5 当てはまる」等段階別に尋ねて得点が高い場合を離職意思が高いとします。この表現が直接的で使いにくければ、逆に定着意思を尋ねるという方法があります。例えば「いつまでとはいえないが、この会社にできる限りいたいですか」という質問に「1 当てはまらない〜5 当てはまる」で尋ねて、得点が高いほうが定着意思が高いとします。

　リテンションの指標としての離職意思の長所は、ほぼ確実に自発的離職に限定して測定できることです。逆に欠点として考えられるのは、それが実際どの程度一人ひとりの離職行動に結びついたかという点です。これまでの多くの調査結果をまとめると、離職意思の高さと（その後の）離職との間には、ある程度の関係性が確認されてきました。つま

り、何らかの形でとらえた社員一人ひとりの離職意思がそれまでより高くなった場合、離職に至る可能性が高くなるといえます。例えば、社員に対するエンゲージメント調査においては上記と類似した質問があると考えられます。そして、その質問に対する回答によって、ある程度「離職の兆候（アラート）」は把握可能といえます。また、熟練した上司は1 on 1ミーティング等上司と部下との定期面談を繰り返すことからも、把握は可能といえます。

d.（組織の）リテンションの程度

　組織を単位とする主観的指標に該当します。具体的には、経営者や人事部長に自社のリテンションの全体的状況をどのように評価しているか尋ねることで測定します。例えば、同業他社と比較した過去3年間の自社のリテンションの状況を、「1悪い〜5とても良い」等の段階別に尋ねます。経営者や人事に関する専門部署（人事部等）の管理職であれば、ある程度正確に自社のリテンションの状況を把握していると考えられます。そのため、主観的指標ではありますが、正確性に大きく欠けるとは考えられません。ただし、実際の調査例はそれほど多くはないのが実状です。

　以上、リテンション・マネジメントの観点からリテンションを測定する指標について述べてきました。一般に指標として最も多く採用されているのが、組織単位の客観的指標である定着率（離職率）と個人単位の主観的指標である離職意思（定着意思）です。これまで試みられてきた指標にはそれぞれ長所欠点や解釈上の留意点が考えられるため、可能であれば複数の方法を併用することが望まれます。

7　リテンション・マネジメントの対象

　組織がリテンションの対象とするのは、その組織に所属する従業員です。そして、従業員は就業形態によって正規従業員と非正規従業員とに分かれます。しかし、後述の調査結果（第4章**図表4-5**）でも明らかなように、多くの企業で、非正規従業員に対してもリテンション・マネジメントを実施しています。現代の深刻な人手不足の状況、働き方改革で求められる正規従業員と非正規従業員との不合理な差別の撤廃等の状況に鑑み、多くの組織にとって妥当な方針といえるでしょう。

　それでは、就業形態を別にして考えた場合、リテンション・マネジメントの対象は、従業員全てでしょうか、それともある特定の従業員でしょうか。まず前提となるのは、退職を考える全ての人がリテンションの対象になる訳ではないということです。その観点から退職を分類したのが以下の**図表2-3**です。

■図表2-3　リテンション・マネジメントで対象とすべき退職

（出所）Dalton et al.（1982）Figure2 を一部修正して引用

　まず、退職は、自己都合退職に当たる「自発的退職」と、倒産やリストラ等の会社都合退職に当たる「非自発的退職」に分類されます。当然ですが、「非自発的退職」はリテンション・マネジメントの対象にはなりません。

次に、自発的退職は、組織にとって望ましい退職に当たる「機能的退職」と、組織にとって望ましくない「逆機能的退職」とに分かれます。前者は組織によって異なり明確にすることは困難ですが、例えば組織からの早期退職の呼びかけに応じるなど、ある種会社都合と社員の都合が折り合った場合の退職がそれに当たります。現代は人手不足状況が深刻化しており、多くの企業では「非自発的退職」や「機能的退職」は減少しています。

リテンション・マネジメントは基本的に組織の方針に基づくため、逆機能的退職がその対象となります。さらに、逆機能的退職は、会社の引き留めがある程度可能な「コントロール可能な退職」と、状況的に引き留めが不可能な「コントロール不可能な退職」とに分かれます。コントロール可能な退職とは、組織側から見て社員に退職をあきらめ組織に残ってもらう可能性がある退職を指し、コントロール不可能な退職は、それが困難だと組織側がとらえる退職を示します。もちろんのこと、わが国だけではなく、諸外国の憲法等に規定された「職業選択の自由」によって、人は全く自由に退職することができます。コントロール可能な退職といってもあくまでも「可能」というレベルにとどまるのです。

しかし、このコントロール可能な退職の範囲は少しずつ広がりつつあります。以前は、親の介護のための退職や、配偶者の転勤に伴う退職、ガンなどの病気による退職などは、コントロール不可能な退職と組織側に見なされてきました。しかし、働き方改革や健康経営等の進展により、組織による仕事と介護の両立支援や、おしどり転勤（夫婦そろっての転勤）の推奨、病気の治療との両立支援など、柔軟な働き方が徐々に認められるようになり、少しずつ状況は変わってきました。企業側の工夫次第で、このような状況の社員も引き留めることが少しずつできるようになってきたのです。つまり、近年の働き方改革等の動向は、コントロール不可能な退職を極力減らしていく方向に作用しているといえます。

それでは、そもそもリテンションには内容による違いやそれによる分類はあるのでしょうか。次に、リテンションの代表的な分類を見ていきましょう。

8 リテンションの分類

1 選抜的リテンションと全社的リテンション

　これは、リテンションの対象による分類です。特定の従業員を対象とするリテンションを「選抜的リテンション（セレクティブ・リテンション）」と言います。それに対し、全社員を対象とするリテンションをここでは「全社的リテンション」とします。これまで、リテンションの対象を、就業形態や退職の種類によって見てきました。

　この分類の出発点は、個人の業績の観点です。実際、「従業員の退職による組織に及ぼす結果は、誰が去り誰が残るかにかかっている」（Mobley, 1982）という点が以前から言われてきました。それでは、特定の従業員を対象とする場合、多くの組織で対象となるのはどのような人々でしょうか。前述したリテンションの定義でも示された通り、多くの組織が残ってほしいと考える対象は、高業績者でしょう。実際、欧米の企業では、リテンションの対象を「才能のある人材」（talent）、すなわち組織に高い業績をもたらす人材ととらえ、talent management の対象として考える傾向が強まっています。もちろん組織によって、高業績者をどのようにとらえるかは異なっているでしょう。例えば、筆者の聞き取りによると、あるグローバル IT 企業の現地法人では、高業績者を「組織または顧客に対しコスト効率と生産性向上をもたらすような一貫して実践的なイノベーションをもたらす者」としています（山本，2009a）。

　それでは、そもそも個人の職務業績の高さはリテンションに結びつくのでしょうか。筆者が、ある大手 IT 系ソフト会社に聞き取りをした結果によると、転職する人は両極端にできる人とできない人だと言います（山本，2009a）。つまり、何らかの形で職務業績と転職とは関係していると考えられます。しかし、これまで個人業績と退職との関係について多くの調査がなされてきましたが、統一的な見解は示されていません。高業績者ほど退職率が高いとする結果、逆に退職率が低いとする結果、業績と退職とは無関係とす

る結果が見られ、これらの不一致は解決されていないというのが実態でしょう。理由についても、高業績者は転職可能性が高まるため、両者間にはポジティブな関係が見られるとする調査結果もあれば、公平な処遇を受けている高業績者は、転職希望が低下するためネガティブな関係が見られるとする調査結果もあります。全体としては、高業績と組織への残留との関係は、マイナスの傾向はあるものの、非自発的退職の場合ほど明確ではないといえます。

　また、これまでの調査では、個人の業績とリテンションとの関係について、直接関連するというより、仕事への期待感、仕事への満足感、組織内での移動のしやすさ等を通じて退職意思に影響する等の結果が見出されています。これらの点から、組織が高業績者のリテンションを促進するには、組織側からの働きかけ、すなわち人的資源管理施策の機能が重要といえます。

　それでは、高業績者だけに絞ったリテンション・マネジメントは可能なのでしょうか。あるいはそれは不可能で、リテンション・マネジメントは高業績者以外の人々も含む、または、その効果が及ぶものなのでしょうか。以上の関係を図式化したモデルが、以下のシャンパンタワーモデルとレーザービームモデルです（**図表 2-4**）。

■図表 2-4　シャンパンタワーモデルとレーザービームモデル

（出所）山本（2019）

　シャンパンタワーモデルの「シャンパンタワー」とは、シャンパン・グラスをタワーのように積み上げていき、一番上のグラスからシャンパンを注ぐという結婚式の披露宴などで行われるイベントです。仮に、業績上位の層

41

（タワーの上のグラス）を対象とするリテンション・マネジメントを実施しても、最終的には全従業員（全てのグラス）を対象とせざるを得ない（シャンパンが注がれる）ことになります。

　それに対し、レーザービームモデルは、レーザービームのように高業績者だけに集中（して照射）するリテンション・マネジメントが可能であることを示しています。社員にかかるコストの観点からいうと、レーザービームモデルが望ましいでしょう。しかし、このモデルは実際の人的資源管理においてうまくいかないことがあります。なぜなら、働き方改革の趣旨の浸透もあり、ほとんどの施策が新入社員研修など対象を限定して実施されるものより、正規従業員全員や全社員を対象としているのが現状だからです。すなわちリテンション・マネジメントは、高業績者を主な対象として実施されたとしても、結果的に全従業員に影響がおよぶということを意味します。

　しかし、レーザービームモデルの採用が結果的にリテンションの向上に寄与した事例もあります。お菓子の製造小売り会社の事例を紹介します（山本，2018）。

　　「この会社の店舗では、平日土日と朝から晩まで開店する中で、店長によるアルバイトの労働時間管理がうまくできていなかったという問題がありました。アルバイトが多く、彼らの希望を聞いてシフトを組むと、彼らがいない時間帯ができてしまい、最終的には正社員である店長や副店長が穴を埋めるしかなく、「自分のプライベートを削ってまでも」という働き方が多く見られました。そこで、「固定シフト制」を導入し、アルバイトの出社を固定にし、足りない時間帯にだけ募集をかける形にしました。それによって店長等もある程度休みが取れるようになり、リテンションの向上につながりました。しかし、その逆にシフトが固定され簡単に変えられないということでアルバイトの応募が減ったということです」

　この事例は、正社員である店長等のリテンションとアルバイトの利便性を比較し、店長等のリテンションを優先したというレーザービームモデル、すなわち選抜的リテンションが効果的だった事例といえます。

2 ポジティブ・リテンションとネガティブ・リテンション

　これは、組織に対する貢献の観点から見た分類です。リテンションを、ポジティブ・リテンション（組織にプラスの貢献をもたらすリテンション）とネガティブ・リテンション（マイナスの貢献をもたらすリテンション）に分類するという考え方です（村山・鄭・山下，2007）。

　リテンションの元々の意味は従業員に長く勤務してもらうことを意味しますが、それだけではありません。リテンション・マネジメントの定義に「その能力を発揮することができるようにするため」とあるように、定着した従業員が能力を発揮して活躍してもらう、そして組織に貢献してもらうことを視野に入れているのです。前述したように、欧米の企業では労働市場の流動性が高く、頻繁に転職する人が多いため、高い業績を生み出す従業員をどのようにして組織に定着させ、貢献してもらうかが重要な課題となってきました。これを組織や自身を成長させ、最大限の貢献を期待するという意味で、「ポジティブ・リテンション」と呼びます。このように、会社が優先して引き留めるべきは、「業績の高い社員」や、「コミュニケーション能力が高く職場の雰囲気を良くする社員」に加えて、「モチベーション（エンゲージメント）の高い社員」が含まれるでしょう。このような観点から、高業績者の選抜的リテンションやタレントマネジメントがポジティブ・リテンションにつながるマネジメントといえます。

　これに対してネガティブ・リテンションとは、「雇用が長期に保障されることでもたらされる『安心感』によって、逆に自身の成長や組織に対する貢献という意識が失われ、単に組織にとどまっているだけの状態にある従業員のリテンション」（村山ら，2007）を示します。つまり、モチベーションの低い社員に対してまで会社を辞めないように働きかけるということは、組織にぶら下がるだけのぶら下がり社員（「フリーライダー」）を増やす可能性があります。単に組織に留まるだけで組織に貢献しない、場合によっては組織の足を引っ張るような行動をとるネガティブ・リテンションを、リテンション・マネジメントでは避けなければならないのです。前述した**図表 2-3**の退職の分類によれば、ポジティブ・リテンションの対象になる退職が逆機能的退職、ネガティブ・リテンションの対象になる退職が機能的退職になります。

3 金銭的報酬、非金銭的報酬、トータル・リワードによるリテンション

　最後は、社員に対する報酬の観点から見た分類で、リテンションのための施策、すなわちリテンション・マネジメントに関わります。リテンションのための施策には、主に金銭的報酬による方法と非金銭的報酬による方法とがあります。金銭的報酬とは、文字通り金銭そのものの報酬を指します。そしてこれには、給与や賞与、退職金等の直接的報酬と社会保険等の間接報酬があります。リテンションのための具体的な施策としては、昇給、ストックオプションの付与、リテンションボーナス、社内融資制度等の福利厚生施策が挙げられます。金銭的報酬は、社員の生活に目に見える直接的なメリットを提供できるため、リテンション施策として効果は高いといえます。

　これに対し、非金銭的報酬とは、働きがい、評価や表彰等の直接仕事に関係する報酬や、職場の人間関係への配慮、柔軟な勤務体制の構築等、労働環境改善に関する報酬等、金銭ではない報酬によって社員を引き留めるものです。

　しかし、金銭的報酬はある程度の水準に達するとそれ以上の満足感やモチベーションの向上につながらないとする調査結果がいくつか見られています。そのため、非金銭的報酬と併用することが重要です。金銭的報酬と非金銭的報酬を効果的に組み合わせた総合的な報酬によって社員のモチベーションや満足感を高めるという考え方を「トータル・リワード」と呼びます。トータル・リワードを導入することで、社員のモチベーションや定着率の向上、業務効率の改善等につながると考えられます。近年では特に、非金銭的報酬に比重を置いたトータル・リワードを構築している企業が増えています。

第3章

人はなぜ組織を辞める のか〜離職の理由とは

1 | 離職理由を検討する必要

　リテンション・マネジメントを行う際の前提として、社員がなぜ転職するのか、その理由を検討する必要があります。前述したように、離職を申し出た社員を説得することはかなり困難です。しかし将来、類似した理由で離職する社員をできるだけ減らしていくためにも、離職する社員の代表的な離職理由を知ることは重要です。離職を防ぐためにどのような施策を実施すれば良いかというヒントになるからです。また、離職理由を知ることを通して、リテンションなどの目的のため導入されている人的資源管理施策の、社員の側から見た効果についての検証も可能になります。このように、離職理由を明らかにすることは、将来に向けてのリテンション・マネジメントと考えられるのです。

　それではまず、母集団の大きい、国が実施した転職者に対する調査結果から見ていきましょう（**図表 3-1**：厚生労働省，2007・2016・2021a）。特定時点での調査結果による偏りを防ぐため、同一のカテゴリーの転職理由を、異なる 3 時点で尋ねた結果を示します。特筆すべきは、第 1 位から第 4 位まで（下線）は 3 回の調査とも同じ理由が挙げられており、2021 年調査を除き 5 位以下とやや開きが見られます。この 4 つは代表的な転職理由といえそうです。そして特に、直近の 2 回の順位は全く同じでした。まず、首位の「労働条件（賃金以外）がよくなかったから」には、労働時間すなわち長時間労働への不満が多く含まれると考えられます。働き方改革が多くの組織で行われるのに伴い、働く人も残業時間の長さなど、「働き方改革の一丁目一番地」である労働時間管理への要求度が明らかに高くなってきたといえるからです。すなわち、働きやすさへの不満と見ることができます。「賃金が低かったから」も同様です。

　それに対し、「満足のいく仕事内容でなかったから」は働きがいへの不満と見ることができます。また、「会社の将来に不安を感じたから」は働きがいとともに、エンゲージメントの低さ[8] が関係していると見ることができます。さらに、上位 4 位からは外れますが、「能力・実績が正当に評価されな

いから」も働きがいへの不満と見ることができます。このように、働きやすさと働きがいの欠如や低下は調査時期の違いに関わらず転職理由になり得る要因といえます。

　その他の傾向を見てみましょう。「人間関係がうまくいかなかったから」は、特に若い人に多く見られる離職理由[9]といえますが、近年、比率も順位も上がってきている傾向が見られます。この点には、業務のIT化、テレワークの広がり等によるコミュニケーションの不足が影響している可能性が考えられます。同時に、2021年調査の結果にはコロナ禍の影響もあるでしょう。さらに、「他によい仕事があったから」の上昇傾向には、転職の一般化に伴い、多くの人が転職先に関する多くの情報を手にするようになってきたことが影響していると考えられます。

■図表 3-1　自己都合による離職理由（各年とも 3 つまで複数回答）

理　由	2021 年		2016 年		2007 年	
	順位	％	順位	％	順位	％
労働条件（賃金以外）がよくなかったから	第 1 位	28.2	第 1 位	27.2	第 3 位	29.0
満足のいく仕事内容でなかったから	第 2 位	26.0	第 2 位	26.7	第 2 位	29.4
賃金が低かったから	第 3 位	23.8	第 3 位	24.9	第 4 位	23.2
会社の将来に不安を感じたから	第 4 位	23.3	第 4 位	24.3	第 1 位	30.9
人間関係がうまくいかなかったから	第 5 位	23.0	第 5 位	17.7	第 6 位	14.2
他によい仕事があったから	第 6 位	16.1	第 7 位	15.2	第 8 位	12.0
いろいろな会社で経験を積みたいから	第 7 位	15.9	第 8 位	12.3	第 7 位	13.0
能力・実績が正当に評価されないから	第 8 位	15.3	第 6 位	15.8	第 5 位	17.8

（出所）厚生労働省（2007・2016・2021a）　転職者実態調査

---

[8]　働きがいやエンゲージメントについては、第 7 章で取り上げます。
[9]　若手社員の離職理由については、第 6 章で改めて詳しく取り上げます。

2 離職理由の本音と建前

　しかし、実際社員は上司や人事部に退職の理由を聞かれた場合、本音の理由を伝えるでしょうか。会社（人事）に伝えたある意味建前である理由と本音の理由を両方尋ねた調査結果を見てみましょう（**図表3-2〜3-4**：エンジャパン、2022）。

　まず、会社に対し退職の報告をした経験がある人に、「伝えなかった本音の退職理由」があるかどうか尋ねたところ、約70％の人が「本音の退職理由があった」と回答しています。かなり多くの人に会社に伝えない本音の退職理由があることがわかります。まず、会社（人事）に伝えた、（ある意味）建前の理由を尋ねた**図表3-2**によると、「体調を壊した」がもっとも多く、次いで「結婚、家庭の事情」の順となっています。これらは、第2章の「**図表2-3** リテンション・マネジメントで対象とすべき退職」で「コントロー

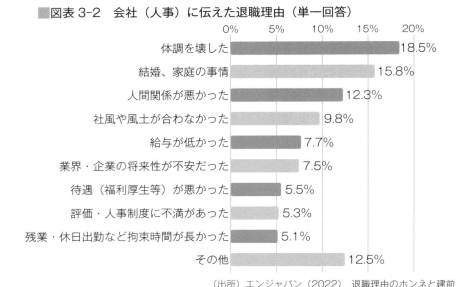

（出所）エンジャパン（2022）退職理由のホンネと建前

第3章　人はなぜ組織を辞めるのか～離職の理由とは

■図表3-3　本当の退職理由（単一回答）

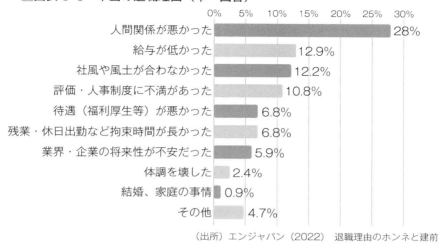

（出所）エンジャパン（2022）　退職理由のホンネと建前

■図表3-4　会社（人事）に本当の退職理由を言えなかった理由（単一回答）

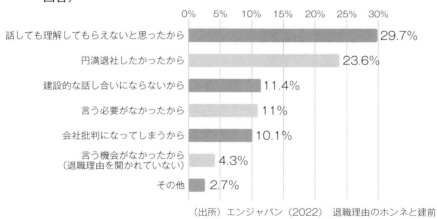

（出所）エンジャパン（2022）　退職理由のホンネと建前

ルできない退職」として挙げた退職の典型的な理由といえるのではないでしょうか。すなわち、上司や組織から見て退職の慰留がしづらい（コントロールしにくい）理由といえます。また、これらの理由は個人のプライバシーに関わるため、会社側からはそれ以上深く聞きにくい理由といえます。

49

これに対し、本音の理由を尋ねた**図表3-3**によると、「人間関係が悪かった」が首位であるとともに、建前の理由よりその比率がかなり高くなっています。これは、実際退職の報告をする対象の多くは上司であることもあり、その上司との関係も含むような職場の人間関係を理由として伝えにくいことが読み取れます。また、「給与が低かった」「評価・人事制度に不満があった」も、上司からの評価への不満が関係するため、同様に伝えにくい理由と考えられます。

　また同調査では、「会社（人事）に本当の退職理由を言えなかった理由」も尋ねています。その結果、第1位は「話しても理解してもらえないと思ったから」、次いで「円満退社したかったから」の順でした。ここには、伝える上司等とのジェネレーションギャップも含むような日常的なコミュニケーションの不足が考えられます。コミュニケーションの活性化は、後述する具体的なリテンション・マネジメントとしても重要ですが、できるだけ正確な退職理由を聞き取って将来に向けてのリテンション・マネジメントを実施していこうとする場合にも、日常的な条件として必要であることがわかります。また、最後はできるだけ波風を立てずに円満に退職したい、下手な慰留をされて退職を長引かせたくないという心理が働いていることも理解されます。

　実際、転職経験がある20代から40代の女性に、退職時の苦労やトラブルについて尋ねた調査によると、8割超の人が「ある」と答えていました（エン・ジャパン、2018）。その内容の第1位は「会社・上司からの引き留め」でした（複数回答可）。同じ「引き留め」でも、相手の気持ちを考えないような強引な引き留めはトラブルの原因になります。後述するように、出戻り採用の可能性を奪ってしまうことや、SNSへの悪意のある書き込み等による会社の評判への悪影響（レピュテーション・リスク）を引き起こすことにもなります。ポジティブな結果にはならないことに留意する必要があります。

　さらに、転職コンサルタントを対象に退職理由の本音と建前を尋ねた調査結果も注目されます（**図表3-5**：エンジャパン、2019a）。転職コンサルタントとは、転職エージェント等の企業で、転職希望者一人ひとりにアドバイザー等として付き、企業との間に立って求人を紹介してくれる専門家です。これまでのキャリアの振り返り、強みや特性を引き出しながらの適性把握、応募書類の添削や面接対策等も行います。そのため、会社（人事）に伝

50

第3章 人はなぜ組織を辞めるのか〜離職の理由とは

■図表3-5 転職理由の本音と建前

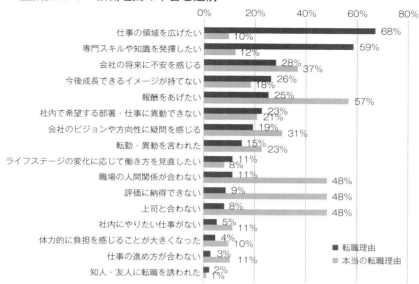

（出所）エン ジャパン（2019a） 転職コンサルタント100人に聞いた！転職理由の「本音」と「建前」—『ミドルの転職』転職コンサルタントアンケート

えた退職理由は建前の理由ととらえられるのに対し、転職コンサルタントは本音の理由を把握しやすい存在といえます。

同調査でも、約5割の退職経験者が会社に伝えなかった本音の退職理由があると答えています。しかし同調査は、前述の調査とは選択してもらうカテゴリーが大きく異なり、具体的にはいわゆる前向きでポジティブな理由がいくつかカテゴリーに含まれています。そのため、直接の比較はできませんが、それを前提に検討してみましょう。特に、建前の理由は、引き留めにくい理由ではありますが、仕事の領域を広げたい、専門スキルや知識を発揮したい等、前向きでポジティブな理由が多くなっています。これに対し、本音の理由は、報酬を上げたい、職場の人間関係が合わない、評価に納得できない、上司と合わないなどどちらかといえば現状に対するネガティブな不満要因であることがわかります。すなわち、この調査結果からわかることは、前向きでポジティブな理由を伝えられたとしても、本音ではその裏に様々な不満要因が潜んでいる場合が多いということです。転職希望者もできるだけ穏

51

便に後を濁さず退職したいと考えると思いますので、自ずと本音の不満は話しにくくなるという傾向が明確に表れています。

3 離職理由をまとめると

　これまで、離職理由については多くの調査が実施されてきました。そして、調査によって離職理由のとらえ方や分類はそれぞれ異なっています。また、退職希望者から聞き取った離職理由についてのとらえ方や分類も、同様に組織によって異なっています。そのため、それぞれの調査ごとに、また組織ごとに詳細に離職理由を検討していく必要があります。しかし同時に、調査主体や組織による違いを超えた全体的な傾向を明らかにするために、ある程度離職理由をまとめて把握するということも必要なのではないでしょうか。そこでここでは、山本（2018a）のインタビュー調査で聞き取った結果をもとに、離職理由の大枠の分類を試みました。以下の代表的な離職理由はどのように分類されるでしょうか。

a.「上司が信頼できない」
b.「その他人間関係、職場の雰囲気が合わなかった」
c.「仕事が自分のキャリアに役立たない（つまらないなど）」
d.「仕事の負担が重すぎる」
e.「自分に対する評価に満足できなかった」
f.「将来の昇進・昇格の見通しに不安」
g.「会社の将来性が不安」
h.「労働時間が長い（残業が多いなど）」
i.「給料が安い（仕事内容や頑張りに比して）」
j.「会社の理念・経営方針に不満」
k.「仕事の領域を広げたかった」
l.「これまで以上に能力・知識を発揮したかった」

まず、kとlが前述した前向きのポジティブな理由で、その他がネガティブな不満が背景にある理由といえます。

さらに、これらの理由をポジティブ／ネガティブの違いを超えて大きく分けるとすると、以下の3つに分かれそうです。第1が、労働時間、給与等の労働条件や組織からの評価が関係する「処遇」が原因の理由で、e、f、h、iが含まれます。第2が、従事している仕事が関係する「仕事」原因の理由で、c、d、k、lが該当します。第3が、所属している組織や部署が関係している「組織」が原因の理由で、a、b、g、jがそれに含まれます。もちろん、「処遇」原因の理由は、組織からの評価（e、f）と労働条件（h、i）に分けることも可能です。「組織」原因の理由も同様に、部署での人間関係等（a、b）と所属組織への評価（g、j）に分けることもできます。

さて、今後も新たな離職理由がクローズアップすることも十分考えられます。ある程度大枠で分類し、とらえていくことも、実際のリテンション・マネジメントの観点からは必要になってくるのではないでしょうか。

第4章

リテンション・マネジメントの全体像とその実態

本章では、リテンション・マネジメントの個別施策を検討する前に、ま
ずはその全体像を見ていきます。そもそも人材が定着する会社とはどのよう
な会社か、人事課題としてリテンションはどの程度重要なのかについて触れ
た後、施策を全体的に検討していきます。

1 リテンションの人事課題としての位置づけ

　それでは、多様な人事課題の中で社員のリテンションの位置づけはどの
ようになっているでしょうか。2つの調査結果から見てみましょう。

　まずリクルートの調査（2023）では、「現在、人事課題だと感じているも
の」を人事担当者に尋ねました（複数回答）。その結果上位に挙げられた課
題は、①次世代リーダーの育成、②従業員のモチベーション維持・向上、③
管理職のマネジメントスキル向上、④中途採用・キャリア採用の強化、⑤若
手社員の定着率向上、⑥ワークライフバランスの強化、⑦従業員の健康や
メンタルヘルスへの配慮、⑧離職率の改善、⑨シニア人材の活性化、⑩労働
時間削減の取組みでした。

　「中途採用・キャリア採用の強化」と並び、5番目と8番目にリテンション
に関する項目が挙げられています。企業が人手不足への対応に大きな課題感
を持ち、リテンションを重視していることがわかります。その他には、①③
の育成、⑥のワークライフバランス、⑦メンタルヘルス、②⑨のモチベー
ション維持・向上や活性化を人事課題として重視していることが示されまし
た。

　同時に、第1位の「次世代リーダーの育成」のように、直接ではありま
せんが、リテンションとの関連が見られる課題も浮き彫りになりました。す
なわち、次世代リーダーの多くをスカウト等中途採用によって確保しないの
であれば、理念の共有も含め、ある程度の期間自社に勤務している社員を育
成し選抜する必要があるからです。つまり、リーダーの候補者に長く勤めて
もらうというリテンションが課題となるのです。

第 4 章　リテンション・マネジメントの全体像とその実態

　さらに以上の結果を、従業員規模別に 1,000 人未満と 1,000 人以上に分け、それぞれ選択率の上位 10 項目を列挙したのが**図表 4-1** と**図表 4-2** です（ともに複数回答）。その結果、下線のリテンションに関する 2 項目が上位にあるのは、1000 人未満企業であることがわかります。「中途採用・キャリア採用の強化」の順位がより高いことや、「新卒採用の強化」が上位にあることも含めると、大企業より中堅・中小企業において人手不足状況がより深刻であることが、この結果からも理解されます。

■**図表 4-1　1,000 人未満企業上位項目**

	項　目　　　　（n=1,898）
1	次世代リーダーの育成
2	従業員のモチベーション維持・向上
3	管理職のマネジメントスキル向上
4	中途採用・キャリア採用の強化
5	若手社員の定着率向上
6	離職率の改善
7	従業員の健康やメンタルヘルスへの配慮
8	労働時間削減の取組み
9	ワークライフバランスの強化
10	新卒採用の強化

■**図表 4-2　1,000 人以上企業上位項目**

	項　目　　　　（n=863）
1	次世代リーダーの育成
2	管理職のマネジメントスキル向上
3	従業員のモチベーション維持・向上
4	女性管理職の増加
5	柔軟な働き方の推進
5	ワーク・ライフ・バランスの強化
7	従業員エンゲージメントの向上
8	中途採用・キャリア採用の強化
9	シニア人材の活性化
10	従業員の健康やメンタルヘルスへの配慮

（出所）リクルート（2023）　企業の人材マネジメントに関する調査 2023 人事制度／人事課題編

　企業規模別にリテンションの人事課題としての位置づけを見てきました。それでは、企業内での位置づけによる違いはあるのでしょうか。前述したように、組織の人的資源管理全体と同様、リテンション・マネジメントの重要な主体、実行者として人事部等の専門部門と代表取締役等の経営トップがあります。そこで、あしたのチーム（2020）の調査では、経営者と人事担当者別に取り組みたい人事課題を尋ねています（**図表 4-3**）。その結果、人材採用、人材育成に次いで人材の定着化（リテンション）が挙げられています。残業時間の削減等を含め、順序は異なりますが、リクルート調査と類似した傾向が見られます。

　ここで注目すべきは経営者と人事担当者の位置づけの違いです。人材採

用と人材育成では両者に大きな差は見られませんが、人材の定着化では5割弱（経営者）対3割弱（人事担当者）と大きな差が見られています。人事の専門部門である人事部では採用、育成と並びリテンションを重視しています。それに対し、経営者は採用、育成は重視しているにも関わらず、リテンションに対しては採用の約半分であることに見られるように重視度が低いことが示されました。しかし、特に人的資源の量に制約がある中堅・中小企業では、経営者のリテンションへの取組みは重要といえます。人事部門が経営者をうまく巻き込んでリテンションという課題に本気に取り組んでもらう必要性は高いといえます[10]。

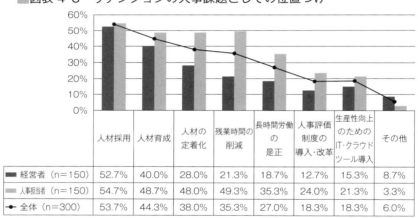

■図表4-3　リテンションの人事課題としての位置づけ

	人材採用	人材育成	人材の定着化	残業時間の削減	長時間労働の是正	人事評価制度の導入・改革	生産性向上のためのIT・クラウドツール導入	その他
経営者（n=150）	52.7%	40.0%	28.0%	21.3%	18.7%	12.7%	15.3%	8.7%
人事担当者（n=150）	54.7%	48.7%	48.0%	49.3%	35.3%	24.0%	21.3%	3.3%
全体（n=300）	53.7%	44.3%	38.0%	35.3%	27.0%	18.3%	18.3%	6.0%

（出所）あしたのチーム（2020）　経営者・人事担当者の2019年度振り返り調査

---

[10] うまく巻き込んだ事例については、「携帯電話等販売会社M社」をご覧ください（p.190）。

第4章　リテンション・マネジメントの全体像とその実態

2 組織文化（風土）とリテンション・マネジメント

　それでは、具体的な施策の検討に入る前に、考えておくポイントを見ておきましょう。そもそも人が多く辞める企業とそうでない企業との違いは何なのでしょうか。例えば、組織文化の違いが挙げられます。組織文化とは、「従業員の活動を左右する組織内に共有された価値、規範、行動様式」（Rousseau, 1990）などと定義され、一般に、社風とも言われます。例えば、電機メーカーの日立製作所と東芝の社風を比べて、日立は「野武士」、東芝は「紳士」や「公家」などと呼ばれてきました。日立は、技術中心で厳密な規則やルールを決めてから動く手堅い経営をする企業であるのに対し、元々三井グループの伝統的な歴史のある東芝は家族的な社風のもと比較的ゆっくりとした牧歌的な経営が定着しているなどと言われてきました。

　それでは、組織文化について深掘りしていきましょう。これまで組織文化は、表層レベルの文化と深層レベルの文化から構成されていることが指摘されてきました。表層レベルの文化とは、制服、社章やコーポレートカラーで代表されるようなシンボル、または朝礼や決まった仕事のやり方など社員の行動や制度など外から見えやすい文化です。主に経営者側からとらえられるものです。それに対し、深層レベルの文化とは、主に社員など受け手側が感じ、勤務している会社が重視している価値や人間関係（のあり方）等を示し、表層レベルの文化に影響します。後者を「組織風土」ということが多く、一般に社員の認知によって測ることが多くなっています。そして、経営者は企業のビジョンや理念などを社員に浸透させることで、組織文化、すなわち価値観や仕事上の判断基準の均一化を図ってきました。

　人的資源管理と組織文化（風土）との関係は深いといえます。新入社員の採用と選抜、教育訓練や報酬制度など社員の評価や賞罰の制度は、独自の組織文化の形成やその伝達において重要だと考えられます。例えば、多くの社員は昇進という報酬を求めようとして仕事をすると考えられます。そのため、どのような行動をとった同僚が昇進していくのかを若手社員が観察することで、組織の規範や価値、つまり組織文化を察知し、それに適応するよう

59

に自分の行動を変えていくのです。

　それでは、組織文化や風土は、リテンション・マネジメントにおいてどのような位置づけにあるのでしょうか。もともと、組織文化自体がリテンションを促進する効果はいくつかの調査で認められてきました。例えば、社員同士の協調性や社員一人ひとりを尊重するような文化を持っている組織の退職率は低く、仕事自体を重視し、人間関係を犠牲にしても業績を挙げることを求めるような文化を持つ組織の退職率は高いという結果が見られました（Sheridan, 1992）。女性を活用する風土があるほど、退職意思が低いという結果も見られています（山本，2010）。また、組織と社員のそれぞれ重視する価値がある程度一致することは重要ではないでしょうか。実際、組織が重視する価値と社員が重視する価値が一致していないほど社員の退職意思が高かったという調査結果も見られています（金，1996）。さらに、組織風土が組織と個人の態度・行動を仲介するという関係も明らかにされてきました。つまり、組織の人的資源管理施策を通して組織文化（風土）が変容し、リテンションに影響する、または、人的資源管理施策のリテンション向上効果を組織文化（風土）が促進（抑制）するという関係です（**図表4-4**）。

■図表4-4　人的資源管理施策、組織文化（風土）および社員のリテンションの関係

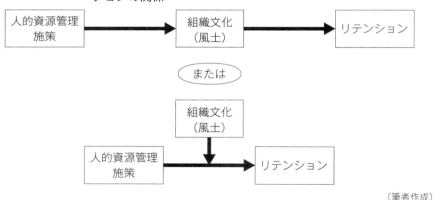

（筆者作成）

　実際、定着率が高い企業の社風について、筆者が働く人に行った聞き取りでは、以下のような声を聞くことができました（山本，2018）。

「風通しがいい職場。よく言われることですが、コミュニケーションがしっかりとれている職場って、労働環境が多少悪くても辞めないかなと思います。」

　　「社員の立場に立って考えてくれる会社ですね。『社員がこういう不満を持っている』とかをしっかり把握して対応してくれれば良いですし…」

　これらをまとめると、「人を大切にする」という社風がリテンションに寄与するという関係です。こうした社風をさらに検討すると、以下の3点に集約されます。a. 透明性が高く、経営陣が社員に情報を隠さない、ボトムアップ重視。b. 短期の成果だけでなく長期の成果（プロセスや努力）を重視。c. 働くことに関して多様な価値観が認められる。これらは、全て組織内のコミュニケーション（の活性化）に関係しています。すなわち、組織内で社員間のコミュニケーションが活発に行われることが、「社風」として期待通り社員に伝わり、理解され、最終的にリテンションに結びつくことが重要と考えられます。

　類似した人的資源管理施策を展開している同業種の企業間で、社員の離職率に大きな差異が見られる場合があるかもしれません。その違いを説明する組織側の要因として、組織文化（風土）を検討する必要性は高いと考えられます。例えば、リテンションを妨げるような「転職文化」が見られるとしたら、その特徴を解明していくことが求められるのです。

3 リテンションのために実施されている施策とは

　それでは、人材が定着する会社になっていくために整えるべき仕組みには具体的にどのようなものがあるでしょうか。正規社員と非正規社員別に行った国の調査によると、15～34歳の若年正規社員の定着のための対策を行っている事業所は7割を超えています（**図表4-5**）。実際に、多くの企業

■図表 4-5　若年社員の定着のための施策（％：複数回答）

	正規	非正規
定着のための対策を行っている	73.7	60.1
（定着のための具体的施策）		
職場での意思疎通の向上	59.7	57.7
本人の能力・適性に合った配置	58.4	54.5
採用前の詳細な説明・情報提供	55.6	50.0
労働時間の短縮・有給休暇の積極的な取得奨励	52.9	44.9
教育訓練の実施・援助	48.5	36.7
職場環境の充実・福利厚生の充実	41.2	33.0
仕事の成果に見合った賃金	39.1	35.1

（出所）厚生労働省（2024c）　若年者雇用実態調査

で定着のための施策を行っていることがわかります。それだけではなく、非正規社員に対しても半数以上の企業が定着のための施策を実施しているのです。近年、雇用の多様化に伴い、働く人に占める非正規社員の占める比率が高まっています。そのことも背景にした人手不足の深刻さの影響が読み取れます。

　それでは、具体的な対策を見てみましょう。「職場での意思疎通の向上」の比率が最も高く、次いで「本人の能力・適性にあった配置」、「採用前の詳細な説明・情報提供」、「労働時間の短縮・有給休暇の積極的な取得奨励」、「教育訓練の実施・援助」の順になっています。企業は職場でのコミュニケーションの促進、適正配置、採用前の詳細な情報提供、積極的な能力開発を重視していることがわかります。労働時間の短縮・有給休暇の積極的な取得奨励は多くの組織で行われている働き方改革の重要な施策であり、それに次ぐ能力開発は、リテンション・マネジメントが定着管理と呼ばれていた頃から重視されてきた施策です。また、非正規社員に対しても、教育訓練を除けば施策ごとの実施率に大きな違いは見られません。具体的な施策には正規・非正規という就業形態の違いは影響していないことがわかります。

　しかし注意すべき点は、この調査の結果は、施策を導入したことを示しているだけで、実際に定着率が向上したことを示している訳ではありません。

第4章　リテンション・マネジメントの全体像とその実態

4 組織が有効と考えるリテンション・マネジメントとは

　それでは、導入後実際、有効だったと考えられるリテンション・マネジメントの施策はどのようなものなのでしょうか。この点を調査した結果が**図表4-6**です（エン・ジャパン，2016）。

　これによると、効果的な施策として、**図表4-5**の厚生労働省の調査にも登場した「社内コミュニケーションの活性化」と「待遇改善」が挙げられます。わが国の企業が業種、職種、勤続年数等を横断してその全てで待遇を改善させていくことは困難です。その点から考えると、社内のコミュニケーションの活性化を図っていくことのリテンション・マネジメントとしての重要性が明らかにされました。別の調査でも、職場でのコミュニケーションに満足している社員のほうが不満を持っている社員より就業継続を望む比率が高く、転職を希望する比率が低くなっています（厚生労働省，2019c）。

　この結果を、第2章で触れたリテンション・マネジメントの主体の観点から考えると、コミュニケーションの活性化には、例えば、社内報の発行や内定者懇談会の企画・運営といった施策の実施では人事部門が、部下との定期面談や職場懇談会の実施では管理職が、同じく職場懇談会の実施では経営トップが、懇親会等のイベントの実施では労働組合が関わります[11]。同様に、待遇改善にも、全ての主体が関わる必要があることがわかります。このように、定着率向上につながるような施策については、様々な主体による全社的な実施と協力が求められるのです。

---

[11] リテンション・マネジメントのための具体的な施策は第5章で詳述します。

63

■図表 4-6　企業が有効と考えるリテンション・マネジメント

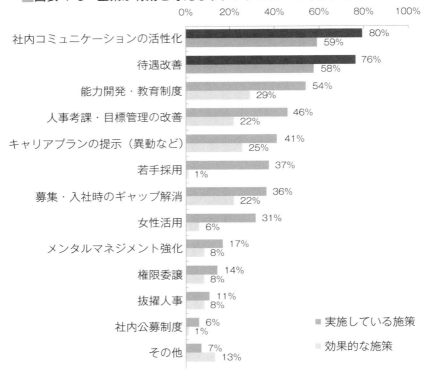

（出所）エン・ジャパン（2016）アンケート集計結果レポート第110回「人材のリテンションについて」

　同じく、人事部門に社員の定着促進策として有効なものを尋ねた別の調査でも、同様の結果が示されています（**図表4-7**：日本メンター協会，2022）。この調査では、給与等の改善と並び主にコミュニケーション活性化のための具体的な施策を尋ねています。そのため、**図表4-6**で示されたコミュニケーション活性化のための具体的な施策が明らかにされる結果となっています。調査結果では、「コミュニケーションや人間関係に関する教育」、「メンターとの定期的な対話」、「不安や悩みに関する相談窓口の設置」の順となっており、能力開発、特にコミュニケーションに関する研修の重要性や（後述する）メンター制度の導入等の具体的なリテンション・マネジメントの施策が示されています。

第4章 リテンション・マネジメントの全体像とその実態

■図表4-7 社員の定着促進策で有効だと考えるもの

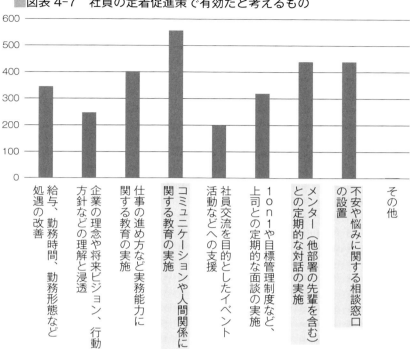

（出所）日本メンター協会（2022）メンター制度導入実態調査

第5章

リテンション・マネジメントの具体的な施策

本章では、前章で示されたような具体的な施策をそれぞれ、より詳細に論じていきます。その際、大規模な国の調査（前章**図表 4-5**）で導入状況が示された施策を中心に論じていきます。

1 コミュニケーションの活性化

　前章で明らかにされたように、コミュニケーションの活性化は、多くの組織で導入されているとともに、リテンションへの有効性が認められてきました。通常、組織におけるコミュニケーションは、顧客や社会全体に対し対外的に行われるものが中心と考えられています。しかし、社員のリテンションにつながるコミュニケーション、すなわち社員に向けて行うコミュニケーションは、それとは異なります。インナーコミュニケーション（インターナルコミュニケーション、社内コミュニケーション）とも呼ばれ、組織内（企業グループ内も含む）で実施される広報活動やコミュニケーションを示します。もちろん、それ以外に社員同士で行われるコミュニケーションの活性化も重要です。

1　方向から見たコミュニケーションの活性化

　それでは、具体的にどのように社内コミュニケーションを活性化していったら良いのでしょうか。多くの組織の現状を見ると、メールの普及や PC での作業が中心になったこともあり、多くの職場で対面のコミュニケーションが希薄になっているという声が聞かれます。そこで注目されるのが、コミュニケーションの方向です。これをヨコ、タテ、ナナメという 3 つの方向から深掘りしたいと思います。

　第 1 がヨコのコミュニケーションの強化です。これは、組織が意識的に社員同士のネットワークの構築や、それを通した「同期（同僚）意識」形成を促すことです。特に、若手社員にとって重要です。ただし、LINE でつな

68

がればすぐ強化できるといった簡単なものでもありません。多くの新入社員が初任配属先で先輩社員とのコミュニケーションに苦労すると言われています。そこには、人手不足により同期や年齢の近い社員が少ない職場が増えているという構造的な背景もあります。そして、そうしたつまずきが早期退職の火種にならないよう留意する必要があるのです。実際、同期意識形成がうまくいっている組織の若手社員からは、「それぞれ頑張っている同期に負けたくないし、簡単に辞めたくない」という声が聞かれました。

　その他、同期入社等に限らなければ、組織のミッションやバリューを反映した行動を職場の社員どうしで褒め合う「ピアボーナス」等も有効です。これらは、高業績につながる組織と個人の強い結びつきを意味するエンゲージメントの向上を通してリテンションにつながると考えられます。これについては、第7章で詳述します。

　ただし、ヨコだけが強いと、組織への不満が広がり、一緒にズルズル辞めてしまう連鎖退職が見られやすいことも事実です。そこで、タテとナナメも必要になります。

　第二が、タテのコミュニーションの強化です。経営トップや上司が何を考えているかをわかりやすく伝えることです。特に優秀人材は、上昇志向が強いことも多く、組織が何を志向し、そのことに自分がどの程度関われるか等、経営トップの方針を知りたがるでしょう。そこで、トップが組織内に向けて今後の方針を常に発信し続けることが重要です。また、管理職がその方針を若手が自分の仕事にあてはめられるよう、わかりやすく「翻訳」することも必要です。すなわち、部下への説明能力の高い管理職の選抜やそうした能力向上のための研修が求められます。また、1 on 1 ミーティング等の上司と部下の定期面談制度がある場合、部下とのコミュニケーションを円滑に行うため、上司への研修も必要といえます。

　最後が、ナナメのコミュニケーションの強化です。これは、別の部署や他の組織の社員や管理職等とのコミュニケーションです。一つの組織や部署にある程度の期間勤めていると、部署内や組織内で人間関係、マネジメントや仕事のやり方等についての率直な意見や不満を言いにくいことが生じます。特に、仕事の質の高さを求める優秀人材の場合、その傾向が強いといえます。そうした場合、別の部署や他組織の人は比較的利害関係が少ないため不満を漏らしやすく、別の視点での考え方を知ることもできます。

そのための制度には、社内勉強会、異業種交流会や社会人が通いやすい夜間大学院等があり、組織がそれらへ助成することが可能です。また、直接人を介在させなくても、他部署でこんな取り組みをしているという情報を社内報で伝えることも有効と考えられます。

以上の施策以外にも、報酬管理、評価方法や方針、キャリア開発の支援等、多様な施策が考えられます。そうした施策間の連携を図りつつ、経営層、労働組合、管理職を含み全社一丸となって社員の定着に取り組む必要があります。

2　従業員参加という視点

社員のリテンションにコミュニケーションが重要なのは、職場内での社員同士の理解や意思疎通を促進するだけでなく、社員一人ひとりが職場での意思決定に参加しているという実感を持てるからということが考えられます。それを「従業員参加」と言い、社員が職場での意思決定に有効に参加することを意味します。これによって、一人ひとりにやるべき職責を明確化させ、モチベーションの向上につながるとともに、職務業績向上に役立つと考えられてきたからでもあります。

従業員参加のための具体的施策には、労使関係に関する諸制度の他に、職務提案制度、QC サークル[12]、セクハラなどの苦情処理制度等が含まれます。また広くいえば、従業員持株制度やストック・オプション[13]等の金銭的な参加も含まれます。例えば、QC サークルは組織目標を社員に周知徹底させるのに役立つだけでなく、チームの連帯意識やチームへの帰属意識を高めることでリテンションにつながると考えられます。

このように、コミュニケーションの活性化に関わる施策の範囲は非常に多岐にわたるため全てを取り上げることはできません。そこで、多くの企業で共通して導入可能ないくつかの施策を取り上げていきます。

---

[12] 製造現場などで働く社員が小規模なグループで、現場の仕事に関わる品質管理（Quality Control）の向上を目指して議論や改善のために行動することです。
[13] 従業員持株制度等は、5 賃金・報酬管理で詳述します。

3 社内報

　社内報とは、経営理念や会社の考え、社内のイベントや行事などを社内向けに発信し、コミュニケーションの一助とするツールです。方向という観点からはタテのコミュニーションの強化だけでなく、ヨコやナナメのコミュニーションの強化にもつながります。

　以前は紙媒体の冊子で配布されることが多かったですが、最近ではアプリや動画でのメッセージなど、Web 上の社内報を発行する企業も増えてきました。例えば、新入社員の紹介や経営者の交替に伴う新たな経営の方向性の周知、社内の各事業の動向を社員が知ることで、行動の変化を促す等の効果が期待できます。

　社内報の目的としては、第 1 が経営理念の共有です。経営理念やビジョンを定期的に伝えることで、社員一人ひとりが会社の目指す方向性を理解し、自分の職務や日常の行動に活かすことが可能になります。社員の意思決定が一貫性を保つようになり、迷いが少なくなる可能性もあります。さらに、成功した事例や経営理念に沿った具体的な行動等に触れていれば若手社員にも浸透しやすくなることが期待されます。もちろん、その際には管理職のアドバイスは欠かせません。

　第 2 の目的は、モチベーションやエンゲージメントの向上です。第 7 章で触れる表彰制度を導入しなくても、社内報で社員一人ひとりの業務での成果や貢献を社内に発信することで、社員は喜びを感じ、他の社員への刺激という効果も期待できます。

　リテンション・マネジメントの観点から社内報を見ると、いくつかの効果が考えられます。効果的な新入社員紹介を掲載することで、配属された職場だけでなく全社の社員に知ってもらえるようになります。その結果、コミュニケーションのチャネルが広がり、早期退職の防止につながる可能性があります。また前述したように、トップの方針を知ることで、組織が何を志向し、そのことに自分がどの程度関われるか等、特に優秀人材にキャリアプランの一致感が生まれやすく、定着につながる可能性があります。いずれにしても、社内報には訴求力の強さや社員が興味を持ちやすい内容を含むことが求められます。体裁や内容に若手社員の意見を取り入れる、社内報アプリの導入を検討する等の工夫や改善が求められます。

4　職場懇談会

　職場単位で社員と管理職が業務の運営や、職場環境等について話し合う場を言います。厚生労働省（2019a）は、管理者と従業員が職場（課・グループなど）を単位として一定の業務運営、職場環境等について話し合うための会合と定義しています（労働組合が行う団体交渉は該当せず）。目的としては、社員が、会社でのマネジメントや仕事などについての要望や不満を、対話を通して直接会社側に反映させることです。それらを通して、職場のコミュニケーション活性化を目的に行う会社も多く見られ、近年ではオンライン上で行う例も見られます。つまり、コミュニケーションの方向という観点からはタテのコミュニーションの強化に特に関係するといえます。

　職場懇談会を効果的に実施するためには、どのような工夫が必要でしょうか。

　第1に、開催目的を明確にすることです。もちろん、新しく編成された部署の場合等、知らないメンバー同士のコミュニケーションを図ることが主目的の場合であれば、その必要はありません。しかし、定期的に実施する場合やオンラインで実施する場合には、目的が明確であるほど、具体的な意見が出やすくなります。

　第2が、議事録の作成と情報の共有も重要です。単に意見を聴いて終わりではなく、必ず議事録としてまとめて全社や必要な部署に公開し、共有したほうが良いでしょう。またオンラインの場合は、参加者以外の人も視聴だけすることを可能にすると良いでしょう。

　第3に、改善や新規事業の提案等に対して、確実に報告を行うことも必要です。例えばメンバーから5つ提案があった場合、3つはすぐ実行し、残りの2つはすぐに実行が困難なので、来期に実行する等、提案への対応のプロセスまできちんと報告する必要があります。社内報と同様、優秀人材は自分の意見を管理職、経営者がどのように扱うかをウォッチしています。言いたいことは言い合いますが、何も改善されずガス抜きにすぎないとわかれば、特に優秀人材のリテンションにはつながりません。意見を一部でも実際に活かしていく、または活かしていくためのプロセスを示すことが懇談会後に必要となります。

　リテンション・マネジメントの観点から職場懇談会を見ると、まずは、

部署や会社のほぼ全員が仕事から離れ集まることで、普段聴けない様々な意見を聴ける可能性があります。また、全体の中で自分の意見を表明することができることで、様々な観点からの評価が得られる可能性があります。こうしたことによって、表面的にはわかりにくかった同僚の仕事ぶりや上司の考えも聴くことができます。これらは一対一のコミュニケーションチャネルでは得られにくい経験です。効果的に実施されることで、組織の魅力を高めることにもつながります。若手社員や優秀人材のリテンションを促進する施策になり得ると考えられます。

5　ファミリーデー

　会社のオフィスやイベント会場に社員の家族やパートナーを招待するイベントです。2000 年代以降、子育てをする社員の両立支援の意味合いからワーク・ライフ・バランス推進をアピールしたい企業で広がってきました。近年では、対象を社員の家族から友人・恋人等にまで広げる、他部署と交流を図る場にする等の例も見られます（読売新聞，2023）。イベント自体も、オフィスの見学等にとどまらず、スポーツ大会、工場見学、社員の仕事を体験する機会の提供等、多様な楽しみ方ができる工夫を凝らす企業が増えてきました。

　ファミリーデーの目的としては、イベントをきっかけに社員と家族のコミュニケーションを促進する、日頃から社員を支えている家族に会社側から感謝を伝える、会社が取り組む事業の価値を伝え家族にもファンになってもらう等、コミュニケーションの活性化を通した様々な目的が志向されています。実際、ファミリーデーでは、社員とその家族はゲストであり、経営陣や事務局がイベントを盛り上げるホスト役になるため、会社への評価が向上する傾向が見られるようです。また、同僚の家族の顔が見えるようになると、お互いのワーク・ライフ・バランスを考え、助け合うような雰囲気が生まれることで、社員同士のコミュニケーションが活性化することになります。

　社員にとって仕事は日常であり、普段はその良さや仕事への誇りなどを感じる機会はあまりないかもしれません。しかし、親しい人や客観的な第三者に「良い職場だ」と褒められることは誇りにつながるといえます。この誇りこそ組織に対するエンゲージメントを高めることとなります。また実際、

人が転職するかどうか悩んだり迷ったりする際、家族や親しい人に相談することが多いでしょう。その点からいっても、家族に勤め先企業にポジティブな印象を持ってもらう可能性が高いファミリーデーは、本人のリテンションに寄与する施策になり得ます。このように、ファミリーデーは、社内報や職場懇談会とは異なり、社内だけでなく社員の生活全体を視野に入れたコミュニケーションの活性化につながるという点で、特徴的な施策といえます。

2 採用管理

　前述したように、福利厚生と能力開発にほぼ絞られてきた定着管理とは異なり、リテンション・マネジメントとしての具体的な施策を考えていく際には、入社から退職までに実施されるほとんどの人的資源管理を考えていく必要があります。人的資源管理の中核をなしている、社員が組織に入ってから辞めるまでの一連の過程の管理を雇用管理ということがあります。そしてこれは、一般に、（募集・）採用・配置・昇進・退職等に分類されます。

　そこで、まずはどのような組織でもその入り口である採用について考えていきましょう。採用における主要な課題は、組織にとって必要な人材を明確にし、それに基づいて計画的に社員を採用していくことです。採用とリテンションとの関係は深いものがあります。そもそも質量ともに十分な採用者が確保できれば、リテンションの問題はそれほど深刻にならないと考えられます。採用が困難であるため、多くの企業がリテンションの向上に注力しなければならないのです。逆に、リテンションがうまくいけば採用に好影響があることは十分考えられます。実際、新卒者の就活において社会にはじめて出ていく学生で不安を持たない人はいないでしょう。そして、彼らはその不安を払拭するために、まず会社の情報を調べます。IT化が進んだ現代では、公式のホームページだけでなくクチコミサイトや掲示板、SNSなどで簡単に会社情報を調べられます。そこで退職者が多い、または離職率が高いという情報を見つけた場合、「この会社は危ない。ブラック企業だ」と感じ

て就活の選択肢から外すことになります。実際、ある企業の人事担当者の方からの聞き取りでも、以下のような学生の様子を聞き取ることができました（山本，2018）。

> 「学校で行う企業説明会などに参加し、『先輩が行ったところはわりと雰囲気良さそうで楽しいよ』とか『みんな長く勤めている』といった情報が伝わると、『あそこに行きたい』となるんですよ」

それでは、以上のようにリテンションにおいて重要な役割を果たすことが期待される採用において、どのようなリテンション・マネジメントが検討されてきたのでしょうか。

1　現実的職務予告

これまで採用においては、「現実的職務予告」のリテンション効果が数多く報告されてきました（山本，2009a）。これは、前章**図表4-5**の「採用前の詳細な説明・情報提供」に近く、入社希望者に対しその組織に採用された後、どのように働くかについて明確に伝えることを言います。そして、それによって志願者と企業とのミスマッチの解消がある程度図れます。つまり採用後、多くの人が経験することについて、ネガティブな面も含め全て志願者に伝えることです。さらに新卒採用では、それまで社会人としての実務経験のない学生にもわかりやすいように説明することが求められます。

その結果、どのような効果が期待できるでしょうか。

第1が、ワクチン効果です。これは志願者が入社前に非現実的に高い期待を持っていたとしてもそれを抑え、入社後多くの人が感じる幻滅体験（リアリティショック）を少しでも抑える効果です。実際、人材サービス業X社ではできるだけ情報をオープンにし、特に厳しい所を意識的に伝えたといいます。また転職者には、1日か半日程度オフィスで働いてもらいました（その結果、入社に至らなかったケースもあったといいます）。これらの結果、その後の離職が減りました。民間企業以外でも同様のケースが見られました。ある保育園では、多くの職員が辞めた後、新規採用を行う際に、早めに職場を見てもらうこと、一人ひとりと仕事についてのすり合わせをするこ

とを重視したそうです。多くの職員が辞めた後入職するという不安感の高い状況にいる新入職員に、できるだけのバックアップを約束することで、早期離職への芽を摘むことを心がけたそうです（山本，2019）。

　第2が、コミットメントを高める効果です。企業側が、ネガティブに受け止められがちなものも含め誠実に情報を発信することによって、入社した社員の企業への帰属意識を高める可能性があります。社員は入社後の体験と入社前の情報が同様であることで安心し、エンゲージメントが高まり、**離職を防止できる可能性が高まります**。

　企業の実態はどうでしょうか。会社訪問や選考の過程で候補者にリアルな情報や仕事の厳しさを伝えているかどうかを尋ねた調査結果によると、「全て伝えている」と「ほとんど伝えている」を合わせ、7割近くの企業が現実的職務予告に積極的であることがわかります（HRビジョン，2019）。それでは、現実的職務予告に基づく多様な施策で入社承諾後の辞退者を減らすことができた企業の例を以下に示します（山本，2018）。

> 　「今年の新卒採用の説明会から、ネガティブな情報も多めに盛り込むようにしました。入社後のミスマッチを起こさないために、リアルな情報としてポジティブな情報だけでなくネガティブな話もしていこうと。離職率や定着率、給料や休みの話など『会社として何が与えられるか』『世間に比べてどうなのか』というところに一緒に向き合ってもらおうと思っています。その先に進んだ応募者には〝先輩社員交流会〟を用意していますが、先輩社員には『機密情報は別だけど、自分の思ったことを伝えてもらっていい』と話しています。また今年から新たな試みとして、人事担当者が集団面接を行っています。"転勤が受け入れられなかった"とか…過去辞めた人たちのデータから事前に合意形成を図っておけば離職が防げたかもしれないネガティブ情報について、ここで目合わせをしておこうと。実際、去年一昨年と比べて入社承諾後の辞退者は減っています」

　しかし、人事担当者の中には、採用難の中、経営トップから、エントリー数や説明会への参加者数の増加を強く要請されているため、全て開示しにくいという声も一部で聞かれました。しかし、SNSの普及や多くのクチコミ

第5章　リテンション・マネジメントの具体的な施策

サイトの登場により、候補者は容易に企業の情報を手にし得るようになってきました。そうした中で不都合な情報を全て開示しないということは非現実といえます。不都合な情報であっても、ある程度積極的に開示していくことがリテンションの観点からも求められているのです。

2　厳選採用

　その他、「厳選採用」とリテンションとの関係も分析されてきました。厳選採用とは組織に必要な人材を明確にし、基準を満たす応募者だけを計画的に採用していくことです。厳しめの採用になることが多くなります。ミスマッチを防止できることから、内定辞退だけでなく、早期離職を防ぐ可能性が高まります。その結果、採用活動にかかるコストだけでなく入社してからの研修・教育にかかるコストを抑制することも可能になります。特に、大企業と比較して中小企業では、採用した人材一人ひとりが会社におよぼす影響は必然的に大きくなります。職場の雰囲気や職務遂行のルールにも影響する可能性があり、人材は慎重に選択する必要があります。採用する人材に求める役割が大きくなる以上、「会社の組織文化に適合しているか」等の見極めが重要になります。実際、ある美容室チェーンY社では、大量に採用し（その結果）大量に辞めていくという方針から、必要な人だけ厳選して採用し定着してもらうという方針に切り替えた結果、離職者が減少しました。

　しかし厳選採用は、現代のような厳しい人手不足状況では実行は難しく、現実的ではない組織も多いといえます。前述の、連鎖退職が発生したある保育園でも、採用に当たり、この園の雰囲気に合った人間を採用しなければと肝に銘じたそうです。また、2時間くらいの1回の面接で人を見抜くのは困難であることは重々わかっているが、他方、緊急に人を求めているので、それ以上時間をかけることもできないというジレンマも感じたそうです。ただし、採用が厳しいからといって闇雲に採用コストをかけ、量的に人数を揃えることは望ましくないといえます。現代のような採用難では、かなり難易度の高い課題だというのが実態でしょう。

77

3 配置・異動管理

　雇用管理において、採用管理の次の段階が配置管理となります。働きがいが、仕事をした結果生まれる以上、どのような仕事を行うかは働きがいに密接に関係します。特に、「成長志向」が強いと言われる若年層を組織に引き留めるには、彼らが「どんな内容の仕事をするか」に配慮することは非常に重要です。わが国では入社した社員はまず組織内の部署へ配属され（初任配属）、その後、具体的な職務は部署内で割り当てられることが多いため、「どの部署で働くか」が重要になってきます。また、近年ジョブ型雇用が注目され、仕事内容や必要とされる専門性に対する人々の関心が高まってきました。望ましいのは適材適所の配置を意味する「適正配置」や、できる限り本人の希望を活かした配置です。同時に、配置は、職場の人間関係と密接に関連するため、合わない上司のもとで転職を考えていた人が、異動で上司が替わった途端、転職を考えなくなるという例もよく見られます。社員への聞き取りからも「同じ仕事をずっと続けるとマンネリ感を感じるし、つらい職場なら余計続かない。スキルアップも考えつつ配置を変えることで離職者を減らせると思う」等の声が聞かれました。

　それでは、組織は適正配置や本人の希望にどのように対応しているのでしょうか。まず、早期離職と関係するのが、初任配属です。新入社員が初任配属の際、希望する勤務地や職種に配属されるかどうかがわからないことを、カプセルトイやソーシャルゲームの「ガチャ」になぞらえ「配属ガチャ」と呼ぶことがあります。「アタリ」とされるのは、希望の勤務地や部署に配属され、配属結果に納得している状況で、「ハズレ」はそうではない場合です。リクルート就職みらい研究所（2024）では、最初の配属先が希望と違った場合、希望の仕事に就くまで転職せずに働き続けられる期間について新入社員に尋ねました。その結果、「3年以内」が30.8％、「5年以内」が16.4％、「1年以内」が4.8％で、5年以内の合計は約5割となりました。「希望の仕事ができるまで就職確定先で勤務し続ける」と回答した人も約4割ありましたが、かなりの比率の社員が早期に離職することを考えることがわか

りました。希望や適性に合致しない配属がリテンションに対してマイナスになる傾向は明らかです。

それに対し、企業に職種、勤務地、配属部門について希望が叶えられているかどうかを尋ねたある調査結果によると、「全て叶えられている」と「ほとんど叶えられている」の合計は、職種で7割近く、勤務地で約3分の2、配属部門で5割強でした（HRビジョン，2019）。企業側はかなりの程度希望を叶えているとしているようです。また、企業への聞き取りでは、「部署・職種に限りはあるが、可能な限り適材適所ができるようにしている」（人材サービス業X社）等、適正配置を目指す声が多く聞かれました。そして、「自己申告とアセスメント、周りの声等多様な材料で判断している」（同社）等、様々な工夫を凝らしています。その中で、「異動に関して一番は本人の意向。本人の志望で配置をするのが一番パフォーマンスを発揮しやすい」（IT企業Z社）等、本人の希望を重視する声も多く聞かれました。しかし、「現実は組織都合。『その人が抜けると現場が回らない』等の場合、異動希望は『聞くに留めている』というのが正直なところ」（菓子製造小売W社）との本音も聞かれ、希望通りにはいかない現実も垣間見えます。また、採用難が続き、社員に多様な経験を積んでもらいキャリア形成につなげるというジョブローテーションが滞っているという声も多く聞かれます。

このように、社員側の意識と企業側の意識がかけ離れているのが実態といえます。ジョブ型雇用の広がりも背景に、社員の初任配属への希望が強くなっていることから、企業と入社した社員の意識のずれは、今後とも生じると考えられます。そして、そのずれはリテンションを困難にするのです。採用全体がジョブ型になっている訳ではない現代は、ある意味過渡期といえるかもしれません。それを考慮すると、完全には無理としても、きめ細かなコミュニケーションに基づく対応が早期離職を防止する上で必要でしょう。

適正配置は、前述した厚生労働省（2021）の若年者雇用実態調査でも、実施しているリテンション・マネジメント施策として上位に挙げられています。また、別の調査でも本人の希望を活かした配置は、組織と社員とで共通して定着に役立つ要因として重視されています（労働政策研究・研修機構，2007）。現在注目されているAIを活用した配置等と併せ、完全なものは無理としても重要なリテンション施策として検討し続ける必要があります。

それでは、リテンション・マネジメントとして考えられる配置管理に関

する施策を検討していきましょう。

1　社内人材公募制度・FA制度

　社内での部署への配置は、通常、上司等の評価に基づき経営者が行うものです。すなわちトップダウンの配置管理です。それに対し、社員が自分で手を挙げ配置転換を求めるというボトムアップ型の配置転換の制度が、社内人材公募制度です。社内に人材を求めたい部署がイントラネット等で異動希望者を募集し、応募者への面接等によって求める人材を獲得する制度です。このように、人材公募制度は募集がないと応募できないのに対し、「社内FA制度」という場合は、自分の希望で今後異動したい部署や職務を人事部に届ける制度です。キャリア自律の観点から人材公募制度を進化させた制度と考えられます。人事評価の結果など、事前に決められた条件を満たした社員にFA権が与えられます。申告された情報は希望の部署に開示されるため、部署のほうで登録した社員と面談を希望し、両者が一致した場合に異動となります。いずれにしろ、両者とも「9. キャリア開発支援」に関係する制度ともいえます。

　実際、大企業対象の調査では、社員本人の意向を重視する施策として、「社内公募制度」が最も多く挙げられています（日本経済団体連合会，2020）。組織や部署の観点からすれば、両制度とも通常の配置転換では得られにくいような新規ビジネス担当者の獲得等に有効です。また、社員のキャリア形成の観点からすれば、高い（専門的）能力を持ち、成果を期待できる人材でありながら、現在の所属部署、担当職務ではそれを活かせない場合に、特に有効です。組織によっては必ずしも応募数、異動数が多くない場合もあります。しかし、制度が導入されているというだけでも、将来、自分の従事してみたい職務を担当する可能性がひらけるため、やる気のある社員にとってはプラスになる制度といえます。

　それでは、リテンション・マネジメントの観点から社内人材公募制度を検討してみましょう。この制度が機能している企業では、社員が現在より良い環境下で仕事ができる機会を自分で手を挙げて創り出せることになります。その結果、仕事への満足感やエンゲージメントが向上し、優秀人材の社外への流出を抑制することができます。言い換えると、ある意味、社内に転

職市場が形成され、「社内転職」が可能となるため、社外への転職の抑制、すなわちリテンション・マネジメントとして有効であることが考えられます。

企業を対象としたある調査でも、「若手社員のモチベーション向上」、「若手社員の自律的・主体的なキャリア形成支援」、「人事や上司が十分に把握できない個々の従業員の異動希望の実現」等と並び、「優秀な人材の社外流出の抑制（離職率の低下）」に一定の効果が見られたとしています（リクルートマネジメントソリューションズ，2022a）。個人対象の調査でも、人材公募制度の導入によって6割以上の人が「高い効果」または「ある程度の効果」を認めていました（HRビジョン，2024）。それらの人々に具体的な効果を尋ねたところ、4割以上の人が「従業員の定着率向上／離職率低下」に効果があったと答えていました。すなわち、キャリア自律の代表的な制度といえる人材公募制度のリテンション効果はかなりの程度あると考えられます。

ただし、この制度が機能している企業では上司の本当の意味での実力、すなわち部下を活かし育てる能力が問われることになります。そうした能力に欠ける上司のもとからは多くの優秀な部下が去ることになり、結果的に自身の評価も低下することになります。管理職にとってはある意味厳しい制度といえるでしょう。

2　転勤の見直しや配慮

①　転勤の実態と社員の意識の変化

近年、少子化による長男長女社会の到来、ワーク・ライフ・バランスを重視する人の増加やテレワークという働き方の広がり等の影響もあり、働く人の転勤[14]に対する意識が大きく変わってきたと言われます。転勤経験のある正社員対象の調査では、「できれば転勤はしたくない」と答えた人が4割近く、「できれば単身赴任はしたくない」と答えた人が5割を超えていました（労働政策研究・研修機構，2017）。転勤がある企業に勤める総合職社員に、さらに踏み込んで尋ねた別の調査によると、「転勤の内示が出ればどの

---

[14] 現在勤務している勤務地から別の勤務地に異動になることを転勤と言います。一般には、住所の変更を伴う異動、すなわち引っ越しが必要となる異動のことを指します。

ような条件であっても受け入れる」と答えた人と、「どのような条件であっても転勤は受け入れない人」と答えた人がともに、2割前後、「転勤の条件次第で受け入れる」と答えた人が6割を超えていました（パーソル総合研究所，2024）。以上の調査結果からわかるように、以前のように、社内での将来の昇進やキャリア形成等のために転勤はほぼ無条件で受け入れざるを得ないという意識が大きく変わってきたのです。そして、自分にとってプラスの条件を満たさないような転勤に対する拒否反応が強くなってきました。特に、ワーク・ライフ・バランスに影響することが予想される単身赴任に対して否定的な反応が見られるようになったのです。

　それでは転勤はどの程度実施されているのでしょうか。300人以上の企業を対象とした厚生労働省委託の調査によると、「正社員（総合職）のほとんどが転勤の可能性がある」企業が約3分の1でした。それが、1000人以上の企業では半数を超え正社員規模が大きくなるほど、さらに拠点数が多くなるほど、その比率は高くなっています（労働政策研究・研修機構，2017）。すなわち、転勤は多くの働く人にとって避けて通れない出来事といえるのです。

　もともとわが国の企業では、メンバーシップ雇用と言われるように、勤務地や細かい仕事内容を限定せずに社員の募集を行い、採用後に部署に配置するというスタイルが浸透していました。この背景には、企業が組織を各地に拡大していく過程で、支店や支所に一定数の社員を配置する必要がありました。また、終身雇用の慣習によって、社員の人事権を企業が持っていたことや、支店を閉鎖せざるを得ない場合に解雇を避けるためにも転勤が必要であったことも、転勤という制度が広がった理由と考えられています。多くの社員にとっても、転勤によって多様な職務経験を積むことがプラスであり、ゼネラリストの養成、すなわち将来の幹部候補として必須の条件と多くの企業で考えられてきたのです。さらに、転勤は適正配置にも資すると考えている企業も多く見られます。しかし、前述したように社員の意識の変化に企業は対応せざるを得なくなってきました。具体的には、特に、不本意な転勤は社員の拒否反応を起こす可能性が高いということです。

②　転勤の社員のリテンションへの影響

　それでは、こうした社員の意識の変化を前提とすると、転勤は社員のリ

テンションに影響するのでしょうか。転勤の辞令が出た場合、それが退職を考えるキッカケになるかを尋ねた調査によると、7割近くの人が「なる」（「なる」＋「ややなる」）と回答しています（エン・ジャパン，2024）。つまり、転勤の辞令を出した時点で、相当数の社員のリテンションに影響する可能性があるのです。年代別で見ると、年代が低いほど転勤への抵抗感が大きい傾向が明らかに見られました。男女別では、女性の抵抗感のほうが大きい結果が見られました。

さらに、きっかけだけではなく、実際、転勤を理由とした退職はどの程度あるのでしょうか。同調査で、転勤の辞令を受けたことがある人に「転勤を理由に退職した経験」を尋ねた結果、3割を超える人から「ある」という回答が得られたのです。また企業に、過去3年間で配偶者の転勤を理由に退職した正社員の有無を尋ねた調査結果においても、「いる」が3分の1を超えていたのです（労働政策研究・研修機構，2017）。転勤が離職意思を高めるだけではなく、実際の離職につながる可能性も十分あるのです。

③ リテンション・マネジメントとしての、転勤に対する配慮や施策

それでは企業は、リテンション・マネジメントの一環として、転勤に対してどのような配慮や施策をとったら良いのでしょうか。

転勤制度の改革に関しては、これまではどちらかといえば運用に関わる手直しが中心で、全体に関わる大きな改革は考えていない、またはこれからであるとする企業が多かったといえます。実際ある調査によると、直近5年間で転勤制度を「見直した」企業は3割以上見られましたが、具体的な見直し内容（複数回答）は、支度料（転勤手当・赴任手当）や単身赴任手当（別居手当）等の「手当関係」と「転勤者の住宅関係」が大半でした。同時に、「転勤はすべて廃止する」と回答した企業は非常に少数でした（労務行政研究所，2021）。

しかし、働く人の意識の変化に対応した施策の実施や配慮に踏み込む企業も増えてきました。意識の変化は、転勤について配慮を求める社員の要望に表れていると考えられます。そこで、正社員（総合職）からの転勤について配慮を求める要望の増減について見てみましょう。過去3年間での増減についての調査では、男性も女性も、「増加」が「減少」を大きく上回っていました（労働政策研究・研修機構，2017）。特に「増加」とする比率は、

女性に比べ男性のほうが高くなっているのです。このように、転勤について配慮を求める社員は増えています。まずは、その要望に応えていくことが転勤制度を維持する場合も重要だと考えられます。

それでは、転勤に伴う社員の要望には具体的にどのようなものがあるのでしょうか。エン・ジャパン（2024）の調査で、転勤の辞令が出た場合、「条件付きで承諾する」と回答した人に承諾条件を尋ねた結果が以下の通りです（**図表 5-1**）。これまで、制度見直しの中で主に検討されてきた「家賃補助・手当」、転勤に伴うマイナス条件をクリアする可能性が高い「リモートワーク」、「昇進・昇格」等本人のキャリア形成にプラスになるもの、働きがいに関係する「仕事内容」、将来のキャリアや生活上の予定も立てやすい「転職期間が決まっている」等が含まれています。これらの要望に少しでも応えていくことが転勤制度を存続させていく場合でも必要となります。

また、別の調査では、転勤を受け入れようと思う転勤期間として、3年を超えると受け入れ意向が大きく低下する結果が見られており、期間の長さも影響することが考えられます（パーソル総合研究所, 2024）。働いている人への聞き取りからも以下のような声を聞くことができました（山本, 2018）。

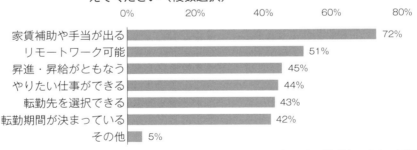

■図表 5-1 （転勤を「条件付きで承諾する」と回答した方）条件を教えてください（複数選択）

（出所）エン・ジャパン（2024）「転勤」に関する意識調査

「転勤を経験した身からすると、『何年間頑張ってみなさい』みたいな励ましが欲しかった（笑）。具体的に決まってなかったとしても『5年頑張ってみれば』とか『5年やったら東京に帰してあげるよ』といった数値があると『いつまで大阪にいるんだろう』といった不安が消せると思います」

さらに比較のため、転勤を「条件に関係なく拒否する」と回答した人に理由を尋ねた結果が以下の通りです（**図表 5-2**）。「配偶者の転居が困難」、「持ち家がある」、「子育てのしづらさ」、「親の世話・介護のしづらさ」等、現代、多くの人が重視するワーク・ライフ・バランスに直結した理由であることがわかります。また、これらは第2章「7 リテンション・マネジメントの対象」で触れたリテンション・マネジメントの対象となりにくい、「（組織による）コントロール不可能な退職」でもあります。すなわち、もともと転勤を拒否する社員のリテンションにまで配慮するリテンション・マネジメントは困難であることがわかります。

さて、社員の立場に立った転勤の見直しの代表的なものが、望まない転

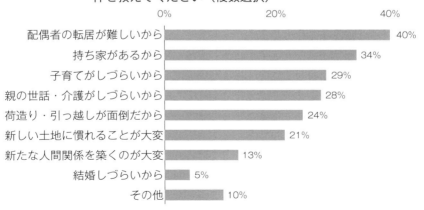

図表 5-2 （転勤を「条件に関係なく拒否する」と回答した方）条件を教えてください（複数選択）

（出所）エン・ジャパン（2024）「転勤」に関する意識調査

勤をなくしていくということが明らかにされてきました。これによって、家庭の事情等で、急な転勤に応じることができないという理由で、退職する社員が減少するという利点が考えられます。この趣旨に沿った制度をいくつか挙げていきます。

第1が、地域限定社員制度です。

もともと、一定の勤務地を本人の意思で選択させ、全国的な転勤対象から除外するという地域限定社員や限定勤務地制度を設ける企業が見られました。例えば、全国転勤コース、ブロック内転勤コース（北海道、関東等のブロック）、県内転勤コース・転居を伴わない転勤コース・非転勤コース等に分けるというものです。300人以上の企業を対象にした調査では、勤務地限定正社員の雇用区分がある企業は約15％見られました（労働政策研究・研修機構，2017）。また、地域限定社員の区分をより細かくして社員の選択肢を増やすことでリテンション効果が見られた以下のような企業事例もあります（(株) フジファミリーフーズ：日本生産性本部，2017）。

> 「特に20代若手社員と店長クラスの店舗管理者の離職が大きな課題。そこで社員に対し、3つの働き方（社員群）を提示した。従来はリージョナル社員（勤務地無限定）とエリア社員（会社が認める勤務地限定）だったが、全地域・全部署への転勤が可能な "リージョナル社員"、理由を問わず一定の範囲内で配転を行う "タウン社員"、勤務業態を限定する "業態限定社員" に変更。働く側の選択肢を増やしながら、働きやすさを実現する制度にした。
>
> 導入により退職者の減少が見られる（20人→11人。店長の退職者0）とともに、タウン社員が急増（10人→40人）。離職の抑制になっている」

しかし地域限定社員制度には、これまで、コースごとの処遇格差をどうするかという運用上の問題点が存在し、実際、報酬格差や昇進格差を設ける企業が多く見られました。労働政策研究・研修機構（2017）の調査では、勤務地限定正社員と全国転勤型との間の年収差（給与・賞与含む）を調査していますが、「5〜10％未満」、「10〜15％未満」がともに2割台半ばずつ見られたのです。それによって、本来は転居を伴わないコースで勤務したいと思っ

ていても報酬や昇進の格差を避けるため、全国転勤コースで勤務せざるを得ないという社員が見られたのが実態でした。

これに対し、AIG損保では「転勤希望制度」を導入して、転勤を希望する社員と転勤のない社員に分けますが、両者間で報酬の差を設けないという形をとりました。その結果、後者を選択する社員が多く、望まない転勤の廃止に近づいたとともに、採用にもポジティブな影響が見られました。こうした制度に対し、働く人は好意的に受け止めているのです。正社員を対象としたある調査では、「同意のない転勤を撤廃する制度」の導入に対し6割を超える人が、さらに進んで「転居や引っ越しを伴う転勤のない制度」の導入に対しては半数を超える人が、「良いと思う」と回答しており、リテンションへの効果も期待できるといえます（Indeed Japan, 2023）。

第2が、転勤免除制度です。

社員の要望等に基づき、一定期間転勤を免除する制度です。ある調査で転勤免除制度の適用事由を調査したところ（複数回答）、「介護」が8割近くで最も多く、次いで「育児」が7割超、「家族の病気の看護」と「本人の病気」が6割超となっています（労働政策研究・研修機構，2017）。これらの事由は働き方改革等を背景とした社員の状況と合致しており評価されます。しかし同調査で、制度として導入している企業の比率は「現在導入を検討中」を含めても1割程度と高くありません。制度としての導入比率の低さは改善を要する点だといえます。

第3が、配偶者の転勤に伴う勤務地変更制度です。

結婚、出産育児、配偶者の転勤、介護等の家庭の事情により、勤務地域を変更して異動する制度です。配偶者の転勤による退職を防ぐという意図があります。同調査では、正社員数が多いほど、女性正社員比率が高いほど、導入比率が高くなっています。この制度を異なる企業間で実施する場合もあります。例えば、夫がA社で勤務し、東京から名古屋に転勤になった場合、妻の勤務するB社に名古屋支店があればそこへ転勤させて、夫に同行できるようにするというものです。しかし、転勤免除制度と同じく、同調査では「制度としてある」が2.0％、「制度はないが運用としてある」が16.1％となっており、導入比率の低さが課題です。

第4が、リモート転勤です。

コロナ禍を経てリモートワークやテレワークが一般化してきたことを背

景に、脚光を浴びてきました。リモートワークを活用することで引っ越しをせずに転勤を行うことを「リモート転勤」等と呼びます。NTT グループでは、リモートワークの全面的な導入を核に、社員の居住地制限を撤廃し、地方に住みながら本社業務が可能になる等、日本全国どこからでもリモートワークで働けるようにする制度を導入しています。

実際ある調査で、引っ越しをしないと通勤できない部署への転勤を経験した人のうち、「リモートワーク等の活用により、引っ越しをせずに転勤」をしている人は 2 割近くを占めていました（Indeed Japan, 2023）。また同調査で、転勤に対するイメージを尋ねると、リモート転勤経験者の半数近くが転勤に良いイメージを持っていました。さらに、転勤の前後における印象を見ても、転勤前で 4 割超、転勤後で半数以上の人が良い印象を持っていました。リモートワークを活用することで、生活環境を大きく変えることなく、仕事における転勤のメリットを受ける可能性が高く、転勤に対するイメージが良くなっていることがわかります。

このように、転勤については、社員の意識変化を踏まえ、柔軟なコース変更の運用や個別の要望への対応を行う必要性がリテンション・マネジメントとして求められます。その点では、管理職のきめ細かな対応が不可欠といえるでしょう。

4 退職管理

社員の雇用管理の最終段階が、退職管理です。これには、定年制や退職金の問題も含まれます。もともと、リテンションが退職防止を意味する以上、退職管理はリテンション・マネジメントそのものといっても良いかもしれません。

さて、少子高齢化が進行し、人手不足と採用難がますます深刻化する中、貴重な戦力としてシニア人材への期待が高まっています。国もシニア人材の雇用を後押しするために、2013 年 4 月以降、社員が希望すれば、65 歳まで

の雇用が企業に義務づけられ、さらに 2021 年 4 月以降は 70 歳までの就業が努力義務化されるようになってきました。そうした影響を受け、66 歳以上まで働ける制度のある企業、さらには、70 歳以上まで働ける制度のある企業が 4 割以上と増加してきたのです（厚生労働省 2023c）。こうした動きが、働き方改革の一環、すなわち働く人が年齢に関わりなく働き続けられる生涯現役社会実現という形で進行してきました。これは多くの人にとって働く期間が延びるということであり、これまで以上に、長期化する自分のキャリアを考えざるを得ないということでもあります。実際、60 歳定年後 8 割以上の社員が再雇用を希望し、その比率は年々高まっているのです。こうした傾向から、定年延長を行うメリットを尋ねた調査でも、「人手不足対策」に次いで「優秀な人材の確保」が挙げられているのです（HR ビジョン，2018）。すなわち、高齢化を背景にした社会的要請に基づいて進められてきた定年延長には、リテンションの向上効果が期待されているといえます。

　その他、第 3 章で触れた退職理由の聞き取りなど退職時の企業の対応も重要なポイントです。実際、退職時のきめ細かな状況把握や、退職後の生活に関わる退職金・年金についての情報提供等のきめ細かな退職管理が、低い退職率等リテンションに寄与していました（山本，2009a）。組織が退職者にきめ細かな対応をすることがリテンション・マネジメントとして重要です。それでは、退職時等に行ったほうが良い施策について見ていきましょう。

1　退職時面接（面談）

　まず、退職時面接が挙げられます。これは、直属の上司や人事担当者が退職時に退職予定者に対して行う面接です。面接の主な目的は、社員の退職理由を明らかにすることです。リテンション・マネジメントの観点から考えると、退職者に留まるよう説得できる最後の機会という短期的な機能と、将来的な退職者の抑制につながるという長期的な機能とがあります。社員への聞き取りでも「できるだけ本音の辞める理由を聞き取って今後に活かすことは、リテンションに役立つ」という声が聞かれました。

　実際、組織はどのように対応しているのでしょうか。聞き取りでは、「退職者への対応は今強化している部分」（給食受託運営会社）（山本，2018）などの声が多く聞かれ、リテンション・マネジメントとして注目されているこ

とがわかります。具体的には、「エリア担当が本人と話し、対面や電話等で本音の退職理由を聞き取るようにしている」（同社）、「退職者面談は全社的立場の人事部が行うことで、本音を話しやすくなり、その後の人事施策に活かしやすくなる。無理な引き留めは行わず、退職後に戻ってくる可能性もゼロではないため、退職者と良い関係で退職させることに注力」（飲食チェーン）（日本生産性本部，2018）等、様々な工夫を凝らしています。

　実際、退職願を提出した後はほとんどの人の退職を止めることはできません。しかし、退職時面接の効果は、今後辞める可能性のある退職者を減らすという「将来に向けてのリテンション・マネジメント」という点にあります。実際、ある企業では、新入社員が短期間に多く辞めた部署の管理職を「マネジメントに問題あり」として異動させた例があります。現在までの退職者の多くが挙げている退職理由は、将来の退職者が挙げる理由である可能性が高く、面接等である程度本音の理由を聞き取れれば、それを参考に、人事施策の練り直しや配置転換等を行えるからです。もちろん、だからといって理由を厳しく問い詰めたりするのは禁じ手です。現在、若手を中心に広がっている退職代行の利用も多くの社員が厳しめの引き留めに合うのを嫌うからだと考えられます。

　また、今後は、キャリアコンサルタント等外部の専門家の援助も仰ぐ、人事担当者等にキャリアコンサルタント資格を取得してもらうこと等によって、面接における専門性をより高める必要があるかもしれません。それによって、より本音を聞き取れる等、効果的な面接を行う可能性が高まります。

2　アルムナイ（卒業生）制度

　広い意味でリテンション・マネジメントに含まれる退職管理施策が、アルムナイ（卒業生）制度です。これは、退職者を組織化し、定期的な情報提供やイベントへの招待等コミュニケーションを図ることを中心に、元社員と企業が継続的に接点を持ち、退職者が元の組織に戻ること（出戻り）も視野に入れた制度です。出戻りまでいけば、既に仕事のノウハウを身につけているため、新たな社員教育が必要ないこと、また社風や文化などを理解しているため、ミスマッチが少ないなどのメリットがあります。つまり、リテン

第5章　リテンション・マネジメントの具体的な施策

ション・マネジメントの目標が現在在籍している社員の定着だけではなく、退職をした元社員もその範囲に含めるということです。現代では、IT業界等を中心とする多くの企業で出戻り社員を受け入れる体制が整ってきました。

アルムナイ制度の場合、もちろん退職者の同意が求められますし、最終的にリテンションに結びつくためには、出戻りが求められます。しかし、出戻りまでいかなくても、退職者との協業までできれば成果が挙がったとも考えられます。このように、多くの社員に長期の勤続を求めることが難しくなってきた現代では、一旦退職した社員も視野に入れたリテンション・マネジメントが求められているのです。

以上、現在の人的資源管理の中心ともいえる入社から退職までの雇用管理についてリテンション・マネジメントとの関係を中心に論じてきました。

次に、働く人の生活や働きやすさと直結する賃金・報酬管理について触れていきます。

5 賃金・報酬管理

賃金・給与や報酬は、社員の生活の維持に欠かせない重要な要素です。報酬を得て生活を充実させることは、社会的役割の実現や個性の発揮とともに、職業の3要素の一つと考えられています。企業の側から見ても、賃金（給与）を中心とした報酬の管理は、長年人的資源管理の中で重要な位置づけを占めてきました。組織が有効と考えるリテンション・マネジメント（前章**図表4-6**）として上位に挙げられた「待遇改善」の中心と考えられます。また、前述したリテンションの分類でいえば、金銭的報酬によるリテンション・マネジメントに含まれます。

欧米を中心としたこれまでの多くの調査結果から、「給与の高さが組織全体の離職率の低さや勤続期間の長期化に寄与する」ことが示されてきまし

91

た。給与の高さは社員一人ひとりの退職行動ともネガティブな関係にあることが同様に明らかにされてきました。リテンション・マネジメントとしての昇給の有効性は、かなりの程度実証されてきたといえます。実際、働いている人への聞き取りでも次のような声が多く聞かれました（山本，2018）。

> 「報酬はすごく大事だと思います。給料が安かったら『転職して上げてやろう』って思うけど、報酬が高かったら『転職してこれを維持できるんだろうか』って考えると思うんですよね。その会社がよほど嫌だったら転職するでしょうけど、ある程度の給与をもらっていれば、転職にストップをかける要因になるんじゃないかと思います」

しかし、経営側や人事部門にとって、同業他社などと比較して、多くの社員が満足するような高い給与を保障することは容易ではありません。なぜなら、賃金は、経済全体の動向や組合との交渉など、コントロール不可能な多くの要因によって左右されるからです。また、社員が自分の給与額を他者と比較する場合、その対象は社員によって異なるとともに、一人ひとりが感じる公平感も異なるでしょう。すなわち、リテンション・マネジメントとして取り得る賃金に関する施策は、給与およびそれを含む報酬の分配全体の設計にも関わるといえます。つまり、昇給だけではなく、給与額を決定する方法や施策も検討する必要があるのです。

それでは企業は、昇給、賃上げをリテンション・マネジメントとして考えているのでしょうか。賃上げを実施した企業を対象にその理由を尋ねた調査によると、「今後のモチベーションアップ」、「物価上昇への対応」に次いで、社員のリテンションに関係した「優秀な人材の確保」が挙げられています（HR ビジョン，2024）。明らかに、多くの企業がリテンションの向上を目的として賃上げを実施していることがわかります。

それでは、具体的に、社員のリテンションを主な目的に賃上げや給与制度の改革に取り組んだ企業事例を見てみましょう（（株）いせん（宿泊業）：日本生産性本部，2017）。

> 「ヒアリングを通じて、パート社員が一律同じ時給であること、正社員でもマルチタスク[15] で働いていることが処遇に反映されていないとい

第5章　リテンション・マネジメントの具体的な施策

う不満があることがわかった。そこで人材確保・定着に向け賃金制度を改定。

　正社員は「結婚・育児から定年まで生活を支える賃金」という視点で中堅層の賃金水準の底上げをはかり、各等級の下限賃金水準を増額。加えて優秀な技術を持ち、会社業績に著しく貢献している社員にはスペシャリスト手当を支給することにした。契約社員は経験と職務能力やマルチタスクの可否を評価し、賃金を再設定。パート社員にもマルチタスクで働ける社員に加給する制度を新設するとともに、リーダークラスの処遇の見直しを進めている。

　新制度導入後の離職者はゼロ。採用においても大卒者2人、高卒者1人の採用ができた。」

　この会社の事例では、賃金水準底上げの対象として、中堅社員を選びました。若手社員の早期離職を防ぐにはもちろん、若手社員の賃上げが必要です。しかし中堅社員は、彼ら自身がリテンションの主な対象であるとともに、若手社員にとって将来のキャリアモデルでもあります。若手は中堅社員を見て、「5年後、10年後の自分の姿」を想像します。「あと数年この会社で頑張れば、これぐらい賃金がもらえる」という希望も重要です。人は現在の状況だけではなく将来の予想によって動く、つまり希望を抱くこともできるのです。また、賃金・報酬管理には業種の特性が影響します。宿泊業に特に求められる働き方としてマルチタスクがあり、それができるかどうかを評価や報酬を決定する場合のポイントにしているのです。こうした点は業種、職種ごとに検討する必要があるでしょう。

　それでは具体的に、賃上げの観点を中心に、これまで行われてきた有効なリテンション・マネジメントについて見ていきましょう。

1　譲渡制限付株式の供与

　まず、譲渡制限付株式（Restricted Stock: RS）の発行・供与が挙げられ

15　一人で複数の業務をこなすことで、「多能工」とも言います。この会社の例では、飲食店スタッフが野菜の加工業務も行っています。

93

ます。これは、株式報酬を導入し自社株を社員に供与するという形の賃上げにおいて、その株を一定期間の譲渡（売却）が制限された株式にすることです。例えば、60歳の定年まで働いてもらうという前提の譲渡制限をつけ、それまでは配当は受け取れるが、売却等は原則できず、自己都合退職の場合は無償で会社に返却してもらう等の仕組みを設けます。リテンションの分類でいえば、全社的リテンションに該当します。これによって、社員に株主と同じ目線で会社経営の将来を考えてもらえるとともに、できるだけ長く勤めてもらうというリテンション・マネジメントとしての効果が期待されます。ただし、デメリットとして、株価が下がった場合、インセンティブとしての機能が低下する点は考慮する必要があります。

2　ストックオプションの付与

　また、賃上げの観点からではありませんが、1の自社株の供与と関連する施策としてストックオプションが挙げられます。これは、会社が社員や取締役に対し、あらかじめ決められた価格で自社の株式を購入できる権利である「自社株購入権」を与える制度です。ストックオプションのメリットとして、企業業績が向上し株価が上昇することで、権利行使価格の差額が大きくなり株式の売買差益が大きくなります。特に、優秀人材は、企業業績が向上するほど、給与も上昇すると考える傾向が各種調査で明らかになっています。そのため、モチベーションが向上する可能性が高くなるといえます。また、付与された権利を行使する前に退職してしまうと損になると考えることでリテンションの向上につながります。リテンションの分類でいえば、選抜的リテンションに該当します。ただし、権利行使後に離職する社員が出る可能性も高いため、一定期間の経過によって権利を確定させる契約条件であるベスティング条項[16]を決めておくことが望ましいといえます。

　特に、ストックオプションの付与は第2章で取り上げた高業績者等に絞った選抜的リテンションのためのマネジメント（**図表2-4**：レーザービームモデル）といえます。

---

[16]　一定期間が経過するまで、社員はストックオプションを確定的に取得できないものとし、当該期間経過前に退職した場合、その時点で未確定のストックオプションを以後行使できないとする契約条件です。

3　従業員持株会の設立

　さらに、リテンション向上につながる基礎的施策として、欧米で多く検討されてきたものに従業員持株会の設立があります。これは、社員に自社株を買ってもらい、自社の業績と長期的な利害関係を持ってもらうことを奨励するために、企業または企業と社員の双方が従業員持株会をつくるというものです。社員が希望額を毎月給料から天引きで持株会に拠出し、持株会は定期的に自社株を購入し、社員からの請求があれば持ち分に応じ株式を引き渡します。さらに、会社が拠出金の給与控除、奨励金の支給、株式取得資金の貸し付け等の便宜を与えることで、社員の自社株取得を容易にし、財産形成を助成する制度です。

　これは、1. コミュニケーションの活性化の中で触れた、社員が会社や職場での意思決定に有効に参加することを意味する従業員参加、特に金銭的側面における従業員参加の手法として注目されてきました。リテンションの分類でいえば、全社的リテンションに該当します。つまり、持株会の設立は、2のストックオプションとは異なり、社員全員を対象としたリテンション・マネジメント（**図表2-4**：シャンパンタワーモデル）といえます。

4　成果給の増額

　これは、賞与や成果手当（歩合給、達成手当、無事故手当等）を、高業績者だけ増額するように制度変更を行うことであり、前述した給与額の決定方法に関する施策といえます。高業績者をリテンションの対象としない企業は考えられません。その観点からすると、高業績者に対する賃上げということになり、彼らのリテンションにつながります。前述のリテンションの分類でいえば、選抜的リテンションに該当します。もちろん、これらの施策を考える場合、原資が確保できるかどうかや会社として目標とする労働分配率[17]の枠内に収める必要があります。

　これらの方法は、全員の基本給を上げるベースアップ、新たな手当の支

---

[17] 次の式で算出します。労働分配率＝給与総額÷付加価値額（営業利益、減価償却費、給与総額、福利厚生費、動産・不動産賃借料、租税公課の合計）×100

給や増額より、リテンション・マネジメントとしては有効と考えられます。なぜなら例えば、ベースアップは、社員のモチベーション向上や自社の魅力を高めることで採用にプラスになりやすいというメリットはあります。しかし、原資を確保する上での負担の大きさや将来基本給を下げる可能性が生じた場合の労使交渉の必要性等のデメリットがあるからです。

5　リテンションボーナス

　リテンション、特に競合他社への貴重な人材の流出を防ぐために最も直接的に採用される施策が、リテンションボーナスです。「選抜残留報酬」や「残留特別手当」とも呼ばれ、一定期間、企業に在籍することを条件に社員に支払う一時金のことを指します。リテンションの分類でいえば、選抜的リテンションに該当します。特に大企業で多く取り入れられている施策で、企業にとって必要なトップレベルの人材に支給されることが多く見られます。企業は、ボーナスと引き換えに、社員が企業に残留する期間、すなわち他社への転職を禁止する期間を明記した契約書を作成します。競合他社への流出を阻止するというリテンションが目的であれば、競合他社の給与がリテンションボーナスの金額に相当することになります。時期としては、特にM＆A（合併・買収）や大規模なプロジェクトを実施する際に支給する企業が多いようです。典型的な例としては、企業の買収側が売却側のCEOに支払うケースが多く見られます。

　リテンションボーナスの支給には、社内の研修等で習得した社員のスキルが競合他社に流出するのを防ぐという意味も含まれます。また、多くの場合、リテンションボーナスを受けた社員は企業から感謝されている、大切にされていると感じることで、モチベーションやエンゲージメントの向上にもつながります。

　以上、賃金・報酬管理に含まれるリテンション・マネジメントは多岐にわたります。特に、選抜的リテンションに含まれる施策は欧米の企業ほど行われてきませんでしたが、人材獲得競争の激化によって、今後取り入れる企業は増えてくるものと考えられます。

　次に、定着管理と呼ばれてきた頃から中心的な施策であった能力開発に

第5章　リテンション・マネジメントの具体的な施策

ついて見ていきましょう。

6 | 能力開発

　現代のような変化の激しい経営環境のもと、企業が存続し発展していくには、社員の能力を高めるための投資が必要です。企業の教育訓練や能力開発は、現在のまたは将来の社員の業績に対する投資であり、組織のニーズに合った社員を生み出すことにもつながります。またこれまで、能力開発は、福利厚生と並び社員のリテンションのために実施されてきた二本柱の施策の一つでもあります。特に、組織の行う研修等の能力開発は、成果向上につながるという点からも社員の働きがいを高めると考えられます。また、社員のスキルを高め生産性を向上するという点からも、組織社員双方にウィンウィンでありリテンションにつながる施策です

　まず、リテンションに結びつく能力開発で基本的に重要な点は、自律的な能力開発です。特に、成長欲求の高い社員は自分に不足しているスキルを補いたい、これまで高めてきた専門性をさらに高めたいなど、自ら望む分野を学べることで求める自律性が高まります。こうした自律性を求める社員に適した研修の形態としては、学びたい研修を選択できるカフェテリア方式が適しています。「企業として受講してもらいたい研修」は当然あるでしょう。しかし、それを一方的に押しつけるだけでは自律的な能力開発になりません。社員が自分の成長のために受講したい研修、例えばプログラミング言語の研修やデザイン思考の研修等を社員に申し出てもらい、それらと「企業として受講してもらいたい研修」をミックスさせ、メニューとして提示してその中から選んでもらうといった方法です。

　しかし、このように能力開発を充実させてリテンション向上を図ろうとしても一筋縄ではいきません。企業への調査の結果、能力開発の問題点として、「指導する人材が不足している」に次いで、「人材を育成しても辞めてしまう」という点を半数以上の企業が挙げており、社員の能力開発に力を入れ

てもリテンションにつながらないという問題点も指摘されているのです（厚生労働省，2024a）。

　それでは、能力開発を分類してリテンションとの関係を見ていきましょう。能力開発にはOJT（on the job training）、Off JT（off the job training）、自己啓発支援の3種類があります。わが国の企業では、職場内で仕事をこなしながら上司や先輩が直接部下に知識やスキルを教えるOJTが能力開発の中心と言われてきました。しかし、部署の管理職や実際に指導するOJTリーダーにやり方、目標等を含めて「丸投げ」しているというのが実態ではないでしょうか。その点を少しでも改善するためには、特に実際に新入社員を指導するOJTリーダーに対する研修を行うことが有効です。OJTの意義を伝えること、後輩との関係性のつくり方、育成・指導するスキルの向上等をその内容に含むことが求められます。

　次に、研修（Off JT）は大きく階層別研修と専門別研修とに分けられます。階層別研修のうち、リテンションに結びつくことが特に期待されるのが、新入社員研修です。ある程度長期の研修や特に集合研修を繰り返し実施することで、新入社員同士のコミュニケーションの機会が増え、「同期」としての一体感が生まれます。お互いの関係が強まることでプライベートの問題も含め、仕事でうまくいかなかったときにも切磋琢磨し、互いに向上でき励まし合うような関係が構築され、リテンションに役立つことが期待されます。[18]

　また、新入社員研修の半年、1年後に行われるフォローアップ研修も、若手社員のリテンションに効果が期待できます。これによる効果は、新入社員研修や初任配属先で学んだスキルの定着を確認する、モチベーションを高めることだけではないのです。新入社員研修後、初任配属先で担当する仕事では、現実と理想のギャップによるリアリティショックも生まれやすく、モチベーションの低下が往々にして見られます。そのような悩みを抱えた状態のまま仕事を続けることで生産性の低下、伸び悩みや中だるみが見られ、早期離職にもつながりかねません。それを解消するのがフォローアップ研修です。それでは、新入社員に向けての能力開発の工夫によってリテンション向上を図った企業の例を、2つ紹介します（日本生産性本部，2017，2018）

---

[18] 新入社員研修のリテンション効果については、第6章もご覧ください。

第5章　リテンション・マネジメントの具体的な施策

「新入社員の早期離職に悩んでいたある食品製造会社では、OJTリーダーとは別に入社2-3年目社員が半年間マンツーマン指導したそうです。毎月話し合い、指導計画書を作成、指導項目と目標を決定し、毎月末に両者がフィードバックしました。加えて、その結果に基づき全体のフォローアップ研修の内容を毎年変更したそうです。その結果、入社3年以内離職率が激減しました」（カネテツデリカフーズ（株）（食品））。

「新人研修の時期を2か月から6か月に延長し、一般的には入社から半年後に行うフォローアップ研修を3年間行いました」（（株）アイネット（情報通信））。

これらの例からは、マンツーマン指導等のきめ細かな対応や研修期間の長期化等が有効であることがわかります。

新入社員研修やフォローアップ研修だけではありません。全体として、入社2〜3年目以降には研修の機会が少なくなる傾向があります。そこで重要なのが中堅社員研修です。プレーヤーとして自走し、後輩の育成もできる中堅社員は、企業にとって貴重な人材です。逆に他社でも即戦力となり得るため、転職しやすくリテンションが困難な人材といえます。そこで、中堅社員に成長実感を感じ、モチベーションを高めてもらうには、専門性の向上や（同時にタコツボに入らず）担当業務を広い視野でとらえ直すこと、管理職ではなくても手本となり得る率先垂範型のリーダーシップを発揮してもらうこと等を内容とする研修の必要性は高いといえるでしょう。

さらに、管理職研修にもリテンション向上効果が期待されます。職場の人間関係は上司のリーダーシップやマネジメントスキルの高さに影響されます。部下とのコミュニケーションが円滑になるように、管理職のコミュニケーションスキルやマネジメントスキルを強化することで、部下の離職の兆候を察知しやすくなります。また、部下のマネジメントに悩みを抱える管理職自身がマネジメントへの不安から離職してしまうケースを防ぐためにも有効といえます。[19]

自己啓発支援についてはどうでしょうか。キャリア自律という考え方が広がってきた現代、能力開発において最もそれを象徴したものが自己啓発だ

---

[19] リテンション・マネジメントにおける管理職の役割については、第8章をご覧ください。

と考えられます。社員の主体的なキャリア形成に向けて実施した取組みを企業に尋ねた調査によると、「自己啓発に対する支援」は、「上司による定期的な面談の実施（1on1 ミーティング等）」、「職務の遂行に必要なスキル・知識等に関する情報提供」に次いで実施されていました（厚生労働省, 2024a）。また、若手・中堅の正社員対象の調査によると、現在会社で導入されている仕組み・制度のうち、キャリア形成をしていく上で役に立っているとする比率が高かったものとして、「学びの時間をとれるような柔軟な勤務体系（フレックス、テレワークなど）」に次いで「資格取得の金銭的補助」が挙げられています（リクルートマネジメントソリューションズ, 2021）。

　学び直しやリスキリングが重視される中、自己のキャリア形成に役立つと考えられている自己啓発への支援は、社員にポジティブな効果があることが推測されます。他方、自己啓発への支援は、それによって専門性が高まり転職しやすくなることで、リテンションに逆行する可能性もあります。しかし同調査では、自己啓発を含む自律的・主体的なキャリア形成行動は、会社の目的や理念への共感やコミットメントを高めることを通して、転職意思を高めないという結果も示しています。つまり、自己啓発への支援と、説明会、研修、社内報での訴求等によって経営理念への共感を促すような施策を併用することで、転職意思を高めない可能性があるのです。

　このように、能力開発については、単に研修予算の増加やプログラムの拡大等、全体的・量的な施策だけではなく、リテンションの対象に合わせたきめ細かな内容の充実が求められるのです。

7　業績評価

　働いた結果が働きがいに結びつくことを考えると、社員の貢献度を適切に評価するように業績評価を工夫することはリテンションにつながるでしょう。もちろん、評価結果が各人の処遇に反映されることで、評価は賃金の増減にもつながり、社員の生活にも直結します。聞き取りからも、以下のよう

な多くの声が聞かれました（山本，2018）。

> 「自分が思うのは・・・短期成果よりも長期の成果を重視するという環境。プロセス重視で頑張りを評価してもらえると働きがいが得られると思います」。

　このように、きめ細かくプロセス（頑張り）を評価してくれることは、基本的に働きがいにつながることがわかります。しかし実際、自身の評価に満足している人は多いとはいえません。会社からの評価に不満を感じたことがあるかを働く人に尋ねた調査によると、「感じている」と答えた人が7割を超えていました（Job総研，2023）。この回答を会社で実施されている評価制度の種類別で見ても、360度評価（多面評価）、役割等級制度、コンピテンシー評価、目標管理のいずれの制度下でも7割を超えていました。業績評価制度の様々な工夫によっても不満感を大きく低下させることは困難であることが示されています。この背景には、「自己評価は2割増しの法則」（畑村，2007）など、人は客観的に下される判断よりも、自分自身のことを高めに評価する傾向が背後にあることは十分考えられます。

　しかし、自社の評価制度自体に対する不満を尋ねた調査によると、不満を感じている人の比率は、4割近くにとどまっており、自身への評価とは乖離が見られました（パーソル総合研究所，2021）。他の調査結果も同様の傾向を示しており、自身への評価の不満と自社の制度自体への不満は分けて考える必要はあるでしょう。

　それでは、業績評価とリテンションとの関係はどのように考えたら良いでしょうか。前述した国の離職理由（自己都合）（**図表3-1**）に関する大規模調査によると、「能力・実績が正当に評価されないから」と答えた人の比率は、他と比較して非常に高くはないですが、15％を超えていました。このように、自身に対する評価がリテンションに影響する可能性は十分あるといえます。実際、先述の調査で、評価によって転職を考えたことがあるかを尋ねところ、「ある」と答えた人の比率が7割を超えていました（Job総研，2023）。評価への不満が退職の引き金となっているケースが少なくないことがうかがえます。さらに、同調査では転職を考えたことのある人に実際に転職をしたか尋ねています。その結果、「（転職を）した」が5割近くに上り、

転職の考慮が実際の転職に至る可能性も高いことが示されました。

聞き取りからも、以下のような声がいくつか聞かれました（山本, 2018）。

> 「転職のきっかけは評価されなかったこと。社内の営業成績でトップ10に入るほど実績を挙げていたが、4年目で上の役職に上がれなかった」

この場合は、昇進しなかったという形で評価されなかったことを転職理由に挙げています。

そこで、重要なのが評価の公平性・公正性です。「公平な処遇、適切な評価・昇進や、公平な評価に基づき報酬が決定している」という社員の認識が、リテンションに影響していると考えられます。聞き取りからも、以下のような声が聞かれました（山本, 2018）。

> 「自分をちゃんと評価してくれていると思えないと、離職につながると思います。前社では、売り上げがなくても階級は落ちない。公平感が感じられませんでした」

公平性とは信賞必罰であり、マイナス評価もきちんとされる必要があるということです。

それでは、組織は評価の公平性・公正性にどのように対応しているのでしょうか。近年では、組織ができるだけ公正に評価し報酬を決定するように、制度や仕組みを整えることが重視されてきました。聞き取りでは、様々な取り組みをうかがうことができました。例えば、評価者訓練です（山本, 2018）。

> 「社員評価を行う管理職に対し、評価者としての研修を行っています。まず就任前に部下とのコミュニケーションに役立つコーチングの研修。就任後は面接のトレーニングや評価の仕方、目標管理など、評価者としてのテクニックのトレーニングを3年に1回受けるようにしています」（食品製造B社）。

また、最近は新しい評価手法が次々に導入されています。例えば、ノーレイティングです。これは、文字通り評価を「しない」ことではなく、これまでの評価のように、半年後、1年後の業績をS・A・B・C・D等の段階に分けて評価しないことを指します。環境変化の激しい現代、日常の仕事ぶりの評価をするには不十分だからです。その代わり、上司と部下の定期面談（1 on 1ミーティング）[20]によって日常的に上司が部下の仕事ぶりを把握し、目標設定、評価、フィードバックを行います。こうした日常的な評価の積み重ねは、社員の評価への公正感を高める可能性があります。ただし、評価を主に行う管理職への研修等が重要になります。

管理職の役割に対しては以下のような聞き取りも得られました（山本、2018）。

> 「社員が自分の役割をちゃんと理解して働いている会社は定着率が高いこと。言い換えれば評価する側・上司とのコミュニケーションがしっかりとれている会社ですね」

100点満点の評価制度を策定していくことは困難でしょう。そうした限界を意識しつつも、自社の評価制度の改善を不断に考えていく必要があります。多くの社員が評価に不満を持つことは避けられないとしても、それが離職につながる事態は避けるべきだからです。そしてその点については、評価を主に行う管理職の役割を十分考えていく必要があります。

それでは次に、福利厚生と働き方改革以降、特に重視されてきた労働時間管理について見ていきましょう。

---

[20] 1 on 1ミーティングについては、第8章でも触れています。

8 福利厚生と労働時間管理

1 福利厚生

　福利厚生は、人材定着のために以前から実施されてきた施策です。近年、人々のワーク・ライフ・バランスの重視度は明らかに高まってきました。例えば、その概念が浸透してから社会に出た若い世代は、転居を伴う転勤を忌避する傾向が強い等、自分のワーク・ライフ・バランスに特に敏感と言われています。もちろん、若手社員だけではありません。少子高齢化の進行によって、家族の介護のために退職する介護離職の増加が懸念されています。現在管理職の立場にある社員の介護離職が増えることは経営への影響も大きいといえます。また近年、男性の育児休暇取得率が低いままでは、育児・家事負担の増加という形で女性のワーク・ライフ・バランスを阻害することが指摘されています。

　以上の例を考えただけでも、充実した福利厚生施策、言い換えると社員のワーク・ライフ・バランスを向上させる施策は、リテンション・マネジメントとして有効といえるのです。逆に、女性社員の活躍促進を重点施策としている企業で、育休明けに復帰せず多くが退職しているとすれば看板に偽りありととらえられかねません。

　また近年、社員の健康管理を経営的な視点でとらえ、戦略的に実践することを意味する「健康経営」が注目されています。企業の経営理念に基づき、社員の健康増進のための投資を行うことは、モチベーションや生産性を向上させ、企業業績の向上につながると期待されているのです。さらに、企業が健康経営を実践する目的を尋ねた調査の結果、「生産性向上」、「従業員満足度の向上」に次いで「従業員の採用・定着」が挙げられており、採用と併せてリテンションへの効果も期待されています（HR ビジョン、2018）。

　社員の方への聞き取りでも、以下のような声が多く聞かれました（山本、2018）。

> 「最近職場で、育児と介護が忙しすぎ、モチベーションが非常に高いのに辞めざるを得ない人が増えています。・・・例えば働く時間帯を個人で選択できるようにしたり、在宅勤務の制度を取り入れたり、福利厚生の一環で柔軟な働き方を取り入れてもらえると、辞めずに済む人が多くなると思いますね」

それでは、福利厚生も含め組織はどのように対応しているのでしょうか。まず、福利厚生制度・施策の導入で重視する目的を企業に尋ねた調査によると、「従業員の仕事に対する意欲の向上」に次いで、「従業員の定着」を挙げる比率が高くなっています（労働政策研究・研修機構，2020a）。そして従業員規模別では、規模が小さい企業ほどその比率は高くなっています。また、社員の定着状況を「問題視」している企業ほど、「従業員の定着」を重視する傾向が見られました。定着管理と呼ばれていた頃と同様、企業は福利厚生をリテンション・マネジメントとして活用しようとしていることがわかります。さらに、自社のリテンションの状況が厳しいほど、活用しようとする傾向が強いことも明確になっています。社員の方への聞き取りでも、以下のような声が聞かれました（山本，2018）。

> 「女性の働きやすさが一番重要かなと思います。小学校入学まで時短勤務が可能。復職者には育児勤務支援手当金がつく。結婚退職はほぼなくなり、子どもができても『働き続けるのが普通だよね』という風土になっている。リテンション効果は高い」（菓子製造小売）

また、ワーク・ライフ・バランスに関して多様な施策が実施されてきました。例えば、短時間正社員制度です（山本，2018）。

> 「結婚・妊活・出産や家庭との両立の難しさなどを理由に女性の離職が多く、また男女ともに介護理由の離職も多かった。そのため〝短時間正社員制度〟を導入。1か月ごとに取得でき継続利用も可能。利用希望者が増えている」（小売）

以上の例に見られるように、育児をきっかけに辞める事例が後を絶たな

い現在、女性社員は多くの企業でリテンションの重要な対象となっています。しかし、女性対象のある調査では、仕事と育児の両立のため職場で必要なこととして、「子育て支援制度の充実」等ハード面での制度の整備より、「休暇を取得しやすい職場環境」、「上司の理解」、「同僚の理解・協力」等、職場の理解・協力等を意味するソフト面での配慮のほうが上回っていました（地方経済総合研究所，2017）。このように施策を導入するだけでなく、同時に求められるのが、制度を利用しやすい職場の理解・協力や個人の状況に合わせたきめ細かな対応といえます。つまり、ハードの施策だけでなく、それがうまく機能するような職場におけるソフト面での配慮が重要なのです。その点から、職場の管理職の役割がポイントになります。

それでは、最後に、広く福利厚生に関する企業の方針や施策と社員のリテンションとの関係についての調査結果を見てみましょう（山本，2009a）。この調査は、以下の図式に基づいて行われました。

これは、企業が「働く人の家族に対する責任に配慮する」という意味の「ファミリー・フレンドリー」を重視する方針をとると、（社員の仕事への満足感を高めるとともに、）多様な福利厚生制度を導入するようになり、それが社員のリテンションにつながるという関係を示しています。「ファミリー・フレンドリー施策重視」とは、社員の育児休暇や介護休暇の取得を促進させる取組みを行っている、育児や介護などによって一時的に仕事から離れた社員に対し、復帰をスムーズにするための支援を行っている等を指します。

■図表5-3　会社がファミリー・フレンドリーを重視する方針、利用可能な福利厚生制度の数と社員のリテンションとの関係

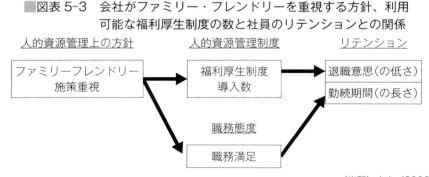

（出所）山本（2002a）

「福利厚生制度導入数」は、住宅、医療、育児支援、慶弔・災害、財産形成、レジャー、情報提供、自己啓発、その他の計9領域から成る36種の制度を提示し、「勤務先（会社、共済会、健保組合等を含む）で現在導入され、ご自身が利用可能な制度の数」について尋ねました。導入されているだけでなく、実際利用可能でないと意味がないからです。

　結果として、この関係が1,228名の正社員対象のアンケート調査で実証されました。また、この関係は男性と女性とで差が見られないことも明らかにされました。すなわち社員のリテンションを促進していく場合、企業全体の方針と実際の制度設計（福利厚生制度の導入数）が一貫していることの重要性が示されたといえます。福利厚生制度は多様な種類があり、現在でも社員や家族等の幸福度やウェルビーイングを高めるために次々に新しいものが導入されています。この結果から、多様な目的で導入された制度でも積極的に取り入れる必要性が指摘されたといえます。

2　労働時間管理

　長時間労働は社員のメンタルヘルスにネガティブに働き、疾病等のリスクを高めます。働き方改革でも、残業時間削減がその一丁目一番地と考えられるほど重要な課題になっています。特に、若い世代にとって、「労働時間が長いこと」は特に忌避される要因になっており、適正な労働時間管理を行うことは、彼らのリテンションのための対策として有効といえます。

　実際、若年者（15〜34歳）が初めて勤務した会社を辞めた理由（3つまでの複数回答）についての調査（厚生労働省，2024c）によると、「労働時間・休日・休暇の条件がよくなかった」が、人間関係や賃金への不満を上回り、第1位になっています。同様に、休日・休暇に満足している社員のほうが不満を持っている社員より就業継続を望む比率が高く、転職を希望する比率が低いという調査結果も見られています（厚生労働省，2019b）。その他の調査からも、「労働時間が短いほど退職率が低い」という結果が多く見られているのです。さらに最近は、前述した健康経営の重要性が指摘されるようになってきました。適正な労働時間管理はまさにその中心的な役割を果たすものといえます。

　社員の方への聞き取りでも、「給料が高くて長時間労働と、給料が安くて

短い時間なら、労働時間が短いほうが辞めないし、入りたい、仕事を続けたい会社になる」等の声が多く聞かれました。

　それでは、組織は長時間労働削減に向けてどのように対応しているのでしょうか。飲食業の人事の方への聞き取りでは、以下のような声が聞かれました（日本生産性本部，2017）。

　　「店長に時間管理に関する裁量権を付与。具体的には、不要な就業時間前の出社、店舗の繁閑に応じた早退・残業等は店長の裁量で決定できるようにした」

　以上の対応の結果、同社では、新入社員やアルバイトの定着率が向上しただけでなく、新卒の採用者数増加にもつながりました。この事例では、店員の状態を把握可能な店長に思い切って任せたという点で、店長の責務は重大ですが、本社などのフォローがきめ細かになされれば、うまくいく可能性は高いといえるでしょう。他の業種の人事の方に対する聞き取りからも、以下のような声が聞かれました（山本，2018）。

　　「各部署の残業時間を調べ、改善を重ね続けているところです。若手に相当仕事をやらせるという風土だったんですけど、最近はきっちり管理しているので、『疲弊から辞める』パターンはかなり減ってきているかなと思います」（化学）
　　「会社と組合とが一体となって（労働時間の）削減に取り組んでいます。具体的にはサービス残業を起こさないような計画仕組みづくり。事前に上司に承認を得る、いつまでもいられる訳ではないというルールを厳しくしています」（食品）

　残業時間削減のためには、経営層や人事部、管理職や組合等重要な関係者を巻き込んでいくことが求められているのです。

3 福利厚生と労働時間管理によるリテンション・マネジメント

　それでは、社員のリテンションにつながるような労働時間管理、具体的には長時間労働削減につながるような施策を見ていきましょう。なお、この施策には福利厚生管理やワーク・ライフ・バランス向上に関わる施策も含まれています。

　厚生労働省（2019b）の調査では、社員の離職率が低下した企業で実施率の高い労働時間管理やワーク・ライフ・バランス向上施策を調査しています（次ページ**図表 5-4**）。トップは、「1 休暇・急な早退等を申請しやすい職場雰囲気の醸成」でした。制度自体ではなく、制度の運用や普及に向けての配慮等のいわばソフト面の充実がリテンション・マネジメントとして重要であることがわかります。これは前述した地方経済総合研究所（2017）の結果と同様です。これは、第 4 章で指摘された組織文化・風土に関わり、それぞれの職場において社員一人ひとりの個別の状況に配慮した柔軟な配慮が重要であることを示しています。改めて、職場の管理職の役割の重要性が指摘されます。また、リテンション・マネジメントとして様々な施策が考えられることがわかります。以降には、もちろん、「2 時間単位、半日単位等の有給取得制度の導入・推進」、「8 残業時間に上限設定」等、働き方改革の進展に伴い導入が進められてきた施設や制度の導入が続いています。しかし、それらと並び、「3 長時間勤務労働者やその上司等に対する指導・助言」、「4 育児休業制度や介護休業制度の利用促進」、「6 経営トップからの呼び掛けや経営戦略化による意識啓発」等、既に導入された施策の浸透に向けた人事部門、管理職、経営トップの役割が重要であることがわかります。新しい施策が導入され、その意義が理解され浸透していくための各方面の様々な働きかけが必須であるといえます。

　さらに、同調査で各施策が離職率に与える影響を検討した結果を見てみましょう（次々ページ**図表 5-5**）。これは、実施企業のうち離職率が低下した比率から未実施企業のうち離職率が低下した比率を差し引いて計算したものです。ここにも、人事部門、管理職、経営トップの積極的な働きかけがリテンション・マネジメントとして重要であることがわかります。トップ 3 は、人事部門が関わるもので、非管理職、管理職向けの研修や意識の啓発が

■図表 5-4　離職率が低下した企業における各取組みの実施率（％）

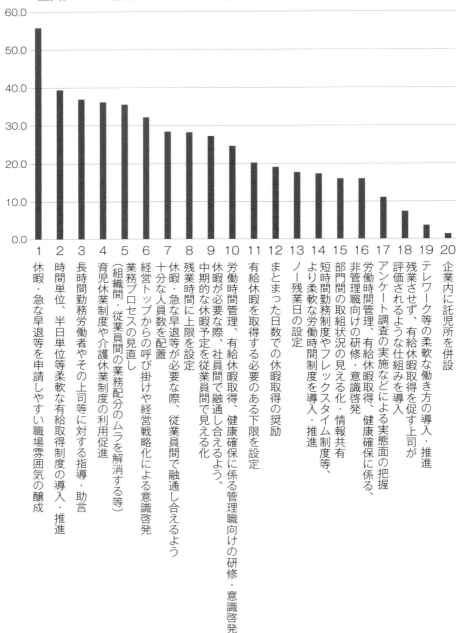

（出所）厚生労働省（2019b）　労働経済白書 令和元年版労働経済の分析

第5章 リテンション・マネジメントの具体的な施策

■図表5-5 各取組みが離職率に与える影響（%ポイント）

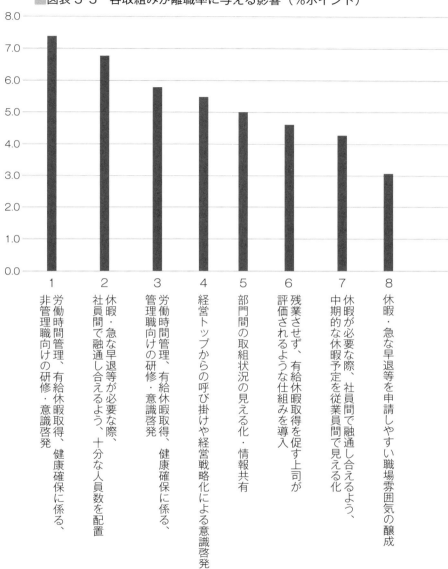

1 労働時間管理、有給休暇取得、健康確保に係る、非管理職向けの研修・意識啓発
2 休暇・急な早退等が必要な際、社員間で融通し合えるよう、十分な人員数を配置
3 労働時間管理、有給休暇取得、健康確保に係る、管理職向けの研修・意識啓発
4 経営トップからの呼び掛けや経営戦略化による意識啓発
5 部門間の取組状況の見える化・情報共有
6 残業させず、有給休暇取得を促す上司が評価されるような仕組みを導入
7 休暇が必要な際、社員間で融通し合えるよう、中期的な休暇予定を従業員間で見える化
8 休暇・急な早退等を申請しやすい職場雰囲気の醸成

（出所）厚生労働省（2019b）労働経済白書 令和元年版労働経済の分析

重要であることがわかります。さらに、「5 部門間の取組状況の見える化・情報共有」や「6 残業させず、有給休暇取得を促す上司が評価されるような仕組みを導入」にも人的資源管理の専門部署である人事部門の役割が求められます。そして、「7 休暇が必要な際、社員間で融通し合えるよう、中期的な休暇予定を社員間で見える化」、「8 休暇・急な早退等を申請しやすい職場雰囲気の醸成」には部署の管理職の役割が中心となります。「2 休暇・急な早退等が必要な際、社員間で融通し合えるよう、十分な人員数を配置」には人事部門とともに管理職の役割が求められます。最後に、「4 経営トップからの呼び掛けや経営戦略化による意識啓発」は経営トップの役割を示しています。このように、人的資源管理の主要なプレーヤーが役割分担し合うことがリテンション・マネジメントとして求められるのです。

　それでは次に、広い意味での労働時間管理として、また働き方改革の一環として注目されている副業・兼業の容認（解禁）について見ていきましょう。

4　副業・兼業の容認

　これまで原則禁止されてきた副業・兼業の容認（解禁）が、働き方改革の推進におけるモデル就業規則の改定という形で進んできました。企業側からは、特に新技術の開発やオープンイノベーションに有効であるという観点から注目されています。社員からは、収入の増加や、多様な就業経験を積むことでキャリア形成に役立つのではないかという視点から、注目されるようになってきました。起業の手段や第二の人生の準備としても考えられています。

　また、大手企業を対象とした調査では、副業・兼業を容認したことによる効果として、「多様な働き方へのニーズの尊重」に次いで、「自律的なキャリア形成」が挙げられています（日本経済団体連合会，2022）。さらに、自律的なキャリア形成の支援に積極的に取り組んでいる企業ほど、副業・兼業を「認めている」または「認める予定」と回答している比率が高く見られました。このように、副業・兼業の容認は、社員のキャリア自律支援のための施策としてもとらえられています。

　それでは、主にこの観点から見て、副業に従事したことによる社員への

効果にはどのようなものが見られるのでしょうか。副業を実施した人のうち、効果を実感した人にその内容を尋ねた調査によると、「視野の拡大」が最も多く、次いで「業務で役立つスキル・知識の獲得」、「モチベーション向上」の順でした（**図表5-6**：パーソル総合研究所，2023）。長期間同じ仕事を担当することでその仕事をマスターした結果、新たな挑戦や学ぶべきことが欠けている状態、すなわちマンネリ化や仕事への挑戦性の欠如を「内容プラトー（停滞）化」と言います。多くの社員が陥りがちなこうしたキャリアの停滞を脱する効果が高いことがわかります。また、現在の仕事に役立つスキル・知識が身につくという効果は、副業・兼業を容認したことによる本業の組織に及ぼす効果といえます。これらの点から、副業・兼業の容認は働き方改革の目的である、労働生産性の向上に寄与する可能性があるのです。

それでは、リテンション・マネジメントの観点から副業・兼業の容認を検討してみましょう。もちろん、副業・兼業の経験はリテンションにポジティブな効果のみをもたらすとは限りません。企業対象の調査によると、副業・兼業を容認することにより懸念される点として、「長時間・過重労働の

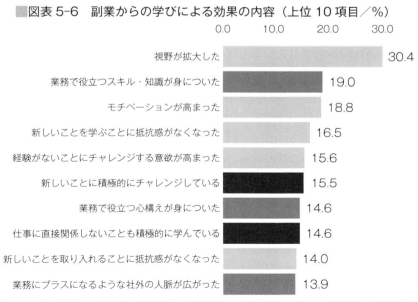

■図表5-6　副業からの学びによる効果の内容（上位10項目／%）

（出所）パーソル総合研究所（2023）　第三回副業の実態・意識に関する定量調査から修正して引用

助長」、「労働時間管理が困難」に次いで、「人材流出のリスク」が挙げられています（労働政策研究・研修機構 2020b）。このように、他の組織での多様な経験が優秀人材等の流出を招くことは十分考えられます。実際、上記調査で示された懸念される点である「人材流出のリスク」は、（その逆の）評価される点として挙げられる「定着率の向上」を上回っていました。

　しかし、それと異なる調査結果も見られます。パーソル総合研究所（2023）の調査では、副業実施者の副業によって高まった就業能力を「エンプロイアビリティ」[21] としています。そして、エンプロイアビリティの向上は、本業先での「継続就業意向」にはプラスに影響しているのに対し、他企業への「転職意向」には影響していないことが示されました。つまり、人材流出のリスクはあるとしても、副業等の経験を可能にしてくれたということでの所属組織へのポジティブな感情、すなわちエンゲージメントを高めるという効果も無視できないと考えられるのです。

　また、副業・兼業を容認すべきかすべきでないかについて、容認していない企業が容認しない理由と、容認した企業が運用上課題と認識している点を、同様の質問項目で比較した調査結果が注目されます（リクルートマネジメントソリューションズ，2022a）。それによると、「副業・兼業をしている従業員が、本業を疎かにする／している」、「従業員の副業・兼業のせいで、社内業務に支障が生じる／生じている」、「従業員の労務管理の負担が大きい」という質問のいずれに対しても、前者が後者より統計的に有意に高く回答していることが明らかにされました。つまり、副業・兼業を容認していない企業の懸念は数多く見られますが、実際容認した後、容認した企業が認識する課題は意外に少ない可能性が指摘されるのです。さらに、副業を認めない会社に魅力を感じるかどうかを働く人に尋ねた調査では、「魅力を感じない」と答えた社員が過半数を超えていました（二枚目の名刺，2017）。企業側と比較して社員の側は明らかに副業・兼業の容認をポジティブにとらえていることがわかります。また、働く人への聞き取りの結果、優秀人材ほどその傾向が強いと考えられます。

　働き方改革の一環として、副業・兼業の容認が浸透しつつあります。接

---

[21] 働く人が、他の組織に転職できる、または現在の所属組織で評価されて雇用され続けるための能力やその可能性を示します。

客を伴う仕事が多い業種等、特性として副業・兼業の容認が困難な業種はあります。しかし、労働災害保険の扱いや過重労働にならないような労働時間管理の改善、情報漏えい防止のための社内規則の整備等を進めていくことで、多くの業種、組織でリテンション・マネジメントとしての効果が挙げられるのではないでしょうか。

それでは、次に働きがいや成長の重視、キャリア自律の広がりから注目される組織によるキャリア開発について、リテンション・マネジメントの観点から見ていきましょう。

9 キャリア開発支援

終身雇用や年功処遇などいわゆる「日本的経営」と呼ばれた慣行の崩壊や、全体的な昇進の遅れ等によって、組織は雇用の保障、収入の安定的増加や昇進を社員に約束できなくなってきました。同時に、働く人もそれらを組織に期待することができなくなってきました。その結果、働く人は、組織に全面的に頼らずに自分のキャリアを形成し、発達させることが求められるようになってきたのです。すなわち、働く人自身が他の人と異なるキャリアを設計し、それに基づき就職、転職などのキャリア選択を行うことが求められています。それがキャリア自律です。

実際、職業生活設計について正社員に尋ねた国の調査によると、「自分で職業生活設計を考えていきたい」と「どちらかといえば、自分で職業生活設計を考えていきたい」を合わせると、正社員の3分の2以上が自分で主体的に職業生活設計を考えたいとしているのです（厚生労働省，2023b）。ここでいうところの「職業生活設計」とは、まさに自分のキャリアデザインやキャリアプランニング（計画）のことを示しています。キャリア自律という考え方が実際、働く人に広まっていることがわかります。そこでの組織の役割は、社員が自分のキャリアを形成・発達させていくことを側面から援助するという間接的なものとなるのです。

115

こうした傾向を背景に、現在、多くの組織が社員のキャリア自律を基本とした施策を展開しています。キャリア自律重視のキャリア開発とは、社員が自分のキャリアの形成や発達のために自律的に行うキャリアプランニングを組織が重視し援助することを言います。そして、特に組織が組織内でのキャリアについて様々な選択の機会を社員に提供することはキャリアの自律性を支えるための重要な条件と考えられます。人は自ら選択することで自身の行動の根拠を意味づけることができ、納得して活動に取り組めるからです。

　それでは、自律性重視の施策も含め、組織によるキャリア開発は社員のリテンションにどのような影響があるのでしょうか。人事部門対象に社員のキャリア開発支援を行う目的について尋ねた調査によると、「自律した従業員の増加」と並び、「優秀な従業員の定着」が最上位に挙げられています（**図表 5-7**：HR ビジョン，2020）。社員のキャリア開発支援をリテンション・マネジメントとして行おうとする組織の意図は明確であるといえます。

■図表 5-7　社員のキャリア開発支援を行う目的（複数回答）

目　　的	比　率
優秀な人材の定着	**74.5%**
自律した従業員の増加	74.5%
組織活性化	67.3%
従業員の潜在的能力の発揮	61.8%
生産性の向上	50.9%
業績の向上	47.3%
新たな人材の採用	32.7%
その他	3.6%

（出所）HR ビジョン（2020）　日本の人事部 人事白書 2020

　さらに、この背景には働く人が将来どのようなキャリアを志向するかも関係します。働く人に望ましいキャリア形成について尋ねた調査（**図表 5-8**：労働政策研究・研修機構，2016）によると、前述してきた転職者や転職希望者の増加とはやや趣が異なる結果が見られました。すなわち、半数以

上が「一企業キャリア」を望ましいと答え、転職によるキャリア形成を意味する「複数企業キャリア」を大きく上回っています。もちろん、この質問は将来の長期的なキャリア形成についての漠然とした希望を尋ねています。しかし、入社した組織である程度望ましいキャリア形成ができれば、リテンションにつながることはある程度想定されるのです。

以上、2つの調査結果から見ても、組織がキャリア開発支援に力を入れることで、社員のリテンション向上につながる可能性は十分あると考えられます。

それでは具体的に、どのようなキャリア支援制度が導入されているかを見ていきましょう。企業への導入状況を比較した調査結果から、以下のような制度が導入されていることがわかります（労働政策研究・研修機構, 2020b）。すなわち、自己申告制度、キャリア研修、（人事部門による）キャリア面談、メンター制度、復職支援、兼業・副業の容認、社内公募制度・社内FA制度、（キャリアコンサルタントによる）キャリアカウンセリング等です。導入率はそれぞれ必ずしも高くはありませんが、多様な制度が導入されていることがわかります。

それでは、これまで取り上げてきた施策を除く代表的なキャリア開発支

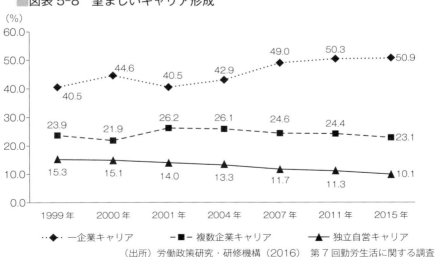

■図表5-8　望ましいキャリア形成

（出所）労働政策研究・研修機構（2016）第7回勤労生活に関する調査

援策として、自己申告制度、キャリアデザイン研修、キャリアコンサルティング、メンター制度について見ていきましょう。[22]

1　自己申告制度

　年1回か年数回、社員に、部署や職務の異動／残留等の希望や職務上の目標や遂行状況、適性や問題点等を自己評価し、申告してもらう制度です。社員の今後の仕事やキャリア形成についての意向を把握できるため、キャリア支援に使うことができます。また、自己評価をしてもらうことでキャリア自律につながる代表的な制度といえます。社員のキャリア形成や適正配置が主な目的になっています。しかしそれ以外に、評価制度と組み合わせ、上司からの一方的な評価を補完し、正当な評価を受けているかどうかを確認するという意味で、自己評価のツールとして活用する企業もあります。また、社員の抱える不満や職場の問題点を拾い上げ、職場環境の整備や人事制度の改善に活用する企業もあります。

　リテンション・マネジメントの観点から自己申告制度を見ると、社員自身が希望の部署や担当したい職務を申告できるため、その情報をもとに組織が適切なキャリアパスや成長機会を提供できる可能性があります。また、前述した3配置・異動管理に関連しますが、異動による他の社員との交流は、新たな能力開発や社内ネットワークの構築・強化を通し、リテンションの向上につながります。ただし、社員から得た情報をどのように活用するのかを決めずに運用してしまうと、単なる情報収集に終わり、活用されない可能性もあります。活用方針を事前に明確化し、組織と社員がその方針をある程度共有することが望ましいと考えられます。そうでないと、評価制度としてだけ使われると社員に誤認されることで、本来の意向を申告しにくくなる等の事態が発生します。注意が必要なポイントです。

---

[22] 兼業・副業の容認は、関連の深い「8 福利厚生と労働時間管理」で、社内公募制度・社内FA制度は、同じく「3 配置・異動管理」で、それぞれ既に触れていますので、そちらを参照してください。

2 キャリアデザイン研修

　自分のキャリアを自律的に形成、発達させていくための考え方や手法について知ってもらうための集合研修です。組織からの期待や外部環境の変化を踏まえながら、自分の価値観や興味を再認識し、スキルや専門性を棚卸しすることを通して現在と将来のキャリアについて考えてもらいます。その後、将来の目標を立てそれを達成するための行動につなげていきます。研修を受けることで、自分の強みを発見し、日常の職務におけるモチベーションの喚起、行動変容や問題解決につなげることも目標としています。

　リテンション・マネジメントの観点から見ると、キャリアデザイン研修の受講で社員一人ひとりの目標が明確になれば、組織としても一人ひとりに合った形での効果的な支援がしやすくなります。つまり、自律的なキャリア形成を支援してくれるということで、社員の自社に対するエンゲージメントの向上を通してリテンションにつながる可能性も高まります。

　企業での聞き取りでも、施策として取り入れる理由について以下のような声を聞くことができました（山本，2018）。

> 　「またフリーライダーに対して今やろうとしているのがキャリアデザインの外部講習です。自分が今までやってきたことを内省し、新しく本人の中での目標を立ててもらう。それをもとに支援方法を考えていくような試みを始めています」

3 キャリアコンサルティング

　職業の選択、職業生活の設計や職業能力の開発・向上に関する社員一人ひとりからの相談に応じ、助言および指導を行うことを言います。キャリアデザイン研修が集合研修の形をとるのに対し、キャリアコンサルティングは主に一対一の面談の形で行います。企業内では、社員のキャリアに関する悩みを聞き、一人ひとりに合ったキャリアプランを提案したりします。

　厚生労働省（2024a）の能力開発基本調査によると、キャリアコンサルティングの仕組みを正社員に導入している事業所は半数近くに上っており、仕組みとしては一定程度普及してきたといえます。また同調査で、キャリア

コンサルティングを行う目的として、「労働者の仕事に対する意識を高め、職場の活性化を図るため」、「労働者の自己啓発を促すため」等に次いで、「新入社員・若年労働者の職場定着促進のため」とする比率が高くなっており、リテンション向上のためという期待も一定程度見られているのです。

　しかし、キャリアコンサルティングの活用にはいくつかの問題点があります。まず同調査によると、キャリアコンサルティングを過去1年間に実際に受けた社員は、正社員で1割余りにとどまっており、キャリア形成に関する相談の潜在的な需要をカバーしきれていないと考えられます。

　またある調査結果によると、キャリア相談を担当する部署の半数以上はキャリア支援専門の部署ではない人事部門が担当、担当者の半数以上は他業務との兼任、約4割の企業で担当者は1名である等、キャリアコンサルティングが必ずしも重視されてはいないという実態が報告されています（労働政策研究・研修機構，2023）。さらに、正社員の6割近くがキャリアコンサルタントによる相談を利用したいとしているのに対し（厚生労働省，2024a）、国家資格であるキャリアコンサルタント資格を有している人の比率はわずか1割程度です（労働政策研究・研修機構，2023）。キャリアコンサルタント資格の取得者数は増加しているのに対し、取得者の専門性を活かせるような職域は必ずしも豊富ではないと言われています。このことからも、組織のキャリアコンサルティングにおいてキャリアコンサルタント等の専門家にさらに活躍してもらうことが期待されます。

　リテンション・マネジメントの観点からキャリアコンサルティングを見てみましょう。最終的な自分のキャリアに対する責任は自分にあるとしても、その長期的な発達のため、一対一等きめ細かな配慮をしてくれる組織には多くの社員がとどまりたいと考えるでしょう。また、キャリアコンサルティングの効果として、先の能力開発基本調査では、「労働者の仕事への意欲が高まった」、「自己啓発する労働者が増えた」等と並び、目的でも挙げた「新入社員・若年労働者の定着率が向上した」が見られており、一定のリテンション向上効果は見られています。さらに、キャリア相談の仕組みと具体的なリテンション指標の変化との関係を分析した調査結果を見てみましょう（労働政策研究・研修機構，2023：**図表 5-9**）。

第5章　リテンション・マネジメントの具体的な施策

■図表 5-9　リテンション指標（離職率・定着率）の変化とキャリア相談等
　　　　　の仕組みの有無の関係

	大幅に増加・上昇	やや増加・上昇	ほぼ横ばい	やや減少・低下	大幅に減少・低下
従業員の離職率	**82.2%**	76.3%	76.4%	73.2%	70.8%
新入社員の定着率（入社3年以内）	63.3%	65.6%	77.1%	78.0%	**83.8%**

（出所）労働政策研究・研修機構（2023）より抜粋して筆者が作成

　これによると、従業員の離職率が直近3年間で「大幅に増加・上昇」した企業でキャリア相談等の仕組みがない比率（82.2％）は、離職率が「大幅に減少・低下」した企業でキャリア相談等の仕組みがない比率（70.8％）を上回っていました。同様に、新入社員（入社3年以内）の定着率が直近3年間で「大幅に減少・低下」した企業でキャリア相談等の仕組みがない比率（83.8％）は、新入社員の定着率が「大幅に増加・上昇」した企業でキャリア相談等の仕組みがない比率（63.3％）を上回っていました。この結果から見てもキャリアコンサルティングは、特に初期キャリアの社員に対してリテンション・マネジメントとしての一定の効果があることがわかります。若手社員の離職に悩む企業が多く見られます。様々な問題点はありますが、キャリアコンサルティングの導入を検討する必要性は高いと考えられます。

4　メンター制度

　メンター制度は、アメリカで確立されてきたキャリア支援制度で、社員のキャリア形成に関し先輩社員が相談役となって後輩社員を支援する制度です。組織に対する調査結果では、他のキャリア支援施策と比較しても社員のキャリア形成に役立つ効果が高いと認識されています（労働政策研究・研修機構，2020b）。もともとは「メンタリング」と呼ばれていたものが、現在は、組織の制度として、一般に「メンター制度」と呼ばれるようになりました。

　もともとメンタリングとは、知識や経験の豊かな人々（メンター）が、それらが未熟な人々（メンティまたはプロテジェ）に対して、組織内のキャリア発達を促進するための支援活動を一定期間継続して行うことを言いま

す。一対一で行われるという点ではキャリアコンサルティングと同様ですが、単発で行われることも多いキャリアコンサルティングと異なり、一定期間継続して行われます。

メンタリングの機能には、一般にキャリア的機能と心理・社会的機能の2種類があります。キャリア的機能とは、仕事のコツや組織の内部事情を学び、組織における昇進等のキャリア形成を促進するような機能です。心理・社会的機能とは、相互の信頼を高めるような人間関係をつくり、場合によっては生活全般の悩みを聞く等のメンタル面のバックアップを行い、社会人として成長するようなサポートをする機能です。メンティとなるのは管理職や非正規社員は少なく、多くが正社員それも新入社員等の初期キャリアの社員です。組織でメンターに任命されるのは、新入社員等と年齢の近い入社3〜5年目のメンティのロールモデルになり得るような先輩社員が一般的です。本来は他部署の社員であることが望ましいといえます。

それでは、リテンション・マネジメントの観点からメンター制度を見てみましょう。メンター制度は比較的初期から若手社員の成長と離職防止という目的で導入されてきました。人事部門に対する調査結果でも、制度導入の目的として、「職場のコミュニケーションの活性対策」、「メンタルヘルス対策」、「OJT・業務教育策」に次いで「離職防止策」が挙げられています（日本メンター協会, 2022）。メンター制度は、メンターとのポジティブな人間関係の構築によるコミュニケーションの活性化がリテンション向上につながるという点が特徴といえます。

ここでポイントとなるのは、メンターの資質でしょう。メンター制度の利用経験者に対する調査によると、仕事内容や職場の人間関係について具体的なアドバイスをもらえることが、メンタリングを受けたメリットとして挙げられ、逆に困った点としてメンターのスキル・経験不足が挙げられています（Confinkle Business Studio, 2022）。さらに、メンターに求める条件として、豊富な業務知識・経験を持っていることを最も重視しています。すなわち、メンター制度を機能させ、リテンション・マネジメントとして活かしていくために必要なのはメンターの人選、そして資質向上のための教育といえるでしょう。そのためには、経験の浅いメンターにアドバイスをするメンターとしての経験を豊富に積んだ「大メンター」を導入することや、社外の経験豊富なメンターを採用することも考えられます。

また、メンター制度と類似した制度にブラザー・シスター制度があります。メンター制度との違いは、ほぼ対象が新入社員に限られ、部署が同じ先輩が指導役となることです。次の新人が入社すれば終了となり、次は自分がブラザー・シスターになることもあります。その場合、新入社員として体験したことをリアルに伝えられるとともに、後輩に教えるということで、やや不安だった知識と経験をより身についたものにできる可能性が高まります。こうした経験を持てるため、ブラザー・シスター制度は、新入社員だけでなく指導役となる若手社員のリテンションにも効果が期待できます。メンター制度とリテンションとの関係について、ある美容室チェーンでも以下のような聞き取りを得られました（山本，2018）。

> 「若年層の離職防止策として、若年層社員とのコミュニケーションをスムーズに行いスキルアップをはかるため、メンター制度を導入。メンター立候補者は講座を受講した上でメンターに就任。若手社員のモチベーション向上から職場定着へ、またメンターとなった社員の人間的成長にもつながっている」

実際、制度を導入する場合には、メンターとしてのスキルを身に着けてもらうために専門的な講座を受けてもらう必要があります。その結果、メンティだけでなく、メンター自身へのポジティブな効果も見られるといえます。

10 テレワーク

コロナ禍を契機にテレワークの導入が一般化してきました。また、テレワークは働き方改革の重要な柱の一つでもあります。そこで、テレワークの導入によってリテンションへの効果が見られるのかどうかを検討していきましょう。

1 テレワーク導入の現状とその影響

テレワークを導入している企業の比率は5割を超え、導入企業のうち、9割以上が在宅勤務を導入しています（総務省，2023b）。すなわち、これだけテレワークが普及してきた現代では、テレワーク自体のリテンション効果を検討するだけではなく、より効果的な利用や同時に導入する施策も社員のリテンション・マネジメントとして求められるようになってきました。

まず、企業はどのような理由でテレワークを導入しているのでしょうか。国土交通省（2024）の調査によると、テレワークを導入した企業の目的は、「新型コロナウイルス感染症への対応（感染防止や事業継続）のため」（87.4％）が圧倒的に多く、次いで「非常時（地震、台風、大雪、新型コロナウイルス以外の感染症の流行など）の事業継続に備えて」（33.5％）、「勤務者の移動時間の短縮・混雑回避」（30.3％）、「勤務者のワークライフバランスの向上」（28.8％）、「業務の効率性（生産性）の向上」（26.3％）の順でした。リテンションに関係する「人材の雇用確保・流出の防止」は増加傾向にはありますが、11.2％と必ずしも高いとはいえません。つまり、（採用を含め）社員のリテンション自体は、企業がテレワークを導入する主な目的となってはいません。そして、同調査でテレワーク導入企業の導入目的に対する効果を見ると、「非常に効果があった」と「ある程度効果があった」を合わせて8割以上の企業がテレワーク導入に効果があったとしており、テレワークは企業の観点から見て社員に対する施策として定着してきたことがわかります。

次に同調査で、実際テレワークに従事し、同時にリテンションの対象でもある社員の意識を見ていきましょう。個人調査の結果、雇用型テレワーカー[23]のうち7割強にテレワークの継続意向があり、雇用型非テレワーカー[24]のうち2割近くに実施意向がありました。実施する頻度に関わらず、テレワークを経験した人の多くは継続したい、また未経験者のうち一定比率の人が体験したいと思っていることが示されています。この結果より強い継続意向、実施意向を示した調査結果もいくつか見られています。このことか

---

[23] 情報通信技術（ICT）等を活用し、普段出勤して仕事を行う勤務先とは違う場所で仕事をする人、または勤務先に出勤せず自宅その他の場所で仕事をする人と定義されています。
[24] 現在の主な仕事でこれまで、テレワークをしたことがない人と定義されています。

らも、テレワークが社員から見ても新しい働き方として定着してきたことがわかります。

さらに同調査で、テレワークが個人や社会に与えるポジティブな影響について見てみましょう。「とてもそう思う／そう思う」の比率が高いのは、「通勤の負担が軽減される」、「通勤に費やしている時間を有効に使える」、「混雑や交通渋滞が緩和される」、「出勤が負担になる人（子育て、介護、病気、けが、障害、加齢等）も働きつづけられる」、「災害や事故発生でも出勤しなくても業務を行え、BCP（事業継続性）が確保される」、「生活（家事、趣味 娯楽、介護、育児 子育て等）や健康を重視するようになる」の順でした。テレワークは、個人の働きやすさやワーク・ライフ・バランスを改善すると考えている人が多いことがわかります。その他、雇用型テレワーカーは非テレワーカーに比べ地域活動や副業・兼業の実施率が10ポイント以上高いことも示されています。

リモートワークを導入した効果を尋ねた別の調査でも、「従業員のモチベーションやエンゲージメント向上」に次いでリテンションに関係する「人材の確保・定着」が挙げられているのです（HRビジョン，2024）。つまり、全体としてはテレワーク、リモートワーク導入は組織にも個人にも肯定的に受け入れられ、リテンションの効果も期待できるといえます。

しかし、経験者にテレワークのデメリットを尋ねた別の調査によると、「上司・部下・同僚とのコミュニケーションが不足」と「職場メンバーと議論・ディスカッションがしにくい」という点が最も多く挙げられました（日経リサーチ，2020）。そして、この点は他の調査でも多く見られているのです。

それでは、具体的にコミュニケーションの不足とはどのようなものでしょうか。元々、テレワークにおけるコミュニケーションはテキストやメールが中心となるため、一人ひとりの文章力や読解力の差で情報伝達内容の認識に差異が生じることは十分考えられます。さらに、いわゆる「報・連・相」の徹底が難しいという点も指摘されています。テレワークへの移行に伴うコミュニケーションの内容の変化について尋ねた調査によると、減った人が、増えた人を上回ったのは、「感謝の言葉をかけたり、かけられたりする機会」、「雑談や思いつきレベルのアイディアの共有」、「同僚と、お互いの仕事の進捗を気にかけ、助けあう機会」の3つでした（リクルートマネジメント

ソリューションズ，2020)。比較的、気軽にできる、しかし日常的に接することでとりやすいコミュニケーションがとりにくくなったことがわかります。組織としてはこれらについて、何らかの対処が必要と考えられます。

さらに同調査では、コミュニケーション等の不足は職場のマネジメントにも影響することを示しています。すなわち、コミュニケーションの不足等によって、管理職が自身のマネジメントに対して抱く不安を、テレワークの経験者・未経験者別に尋ねた結果、半数以上の管理職が、「部下がさぼっていないか心配である」と考えていました（**図表 5-10**）。また、「部下に必要なときに業務指示を出したり、指導をしづらい」、「部下の間でのチームビルディングができない」という不安を、経験者でも6割以上が感じていました。さらに、「部下の心身の健康の悪化の兆候を見逃してしまうこと」への不安は、7割近くの管理職が、それも経験者のほうがより感じていました。これについては、場合によっては離職につながる危険性もあるので特に注意が必要な点だといえます。

コミュニケーションの不足によって、指導のしづらさやチームビルディング等の部署のマネジメントにおいて支障が生じる可能性が高いことがわかります。さぼりだけではなく同時に、オーバーワークも考えられます。組織としては、適切な勤怠管理と併せ、職場のコミュニケーションの活性化に努める必要があるのです。

■図表 5-10　テレワーク下のマネジメントの不安（管理職対象）

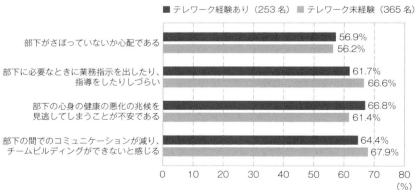

（出所）リクルートマネジメントソリューションズ（2020）テレワーク緊急実態調査

第5章　リテンション・マネジメントの具体的な施策

　また同調査では、テレワーク経験者（管理職・非管理職問わず）にテレワーク環境になった際の心理的変化を尋ねています。その結果、「仕事のプロセスや成果が適正に評価されないのではという不安」が「高まる＋やや高まる」と回答した人が3割近くに上ったのに対し、「低下する＋やや低下」は1割強でした。どちらかというと、評価に対する不安が高まる人のほうが多いことが示されました。実際、成果だけでは評価できない職種や業務が少なからずあるにもかかわらず、テレワーク環境下では、成果に結びつくプロセスが見えにくい可能性が高いからです。その結果、評価に対する不安感が高まる可能性は十分あります。この点は、「7　業績評価」も関連する問題といえます。

2　リテンション・マネジメントとしての効果的なテレワークのあり方

　それでは、リテンション・マネジメントの観点からテレワークの効果について見ていきましょう。前述の調査結果からわかるように、働く人はテレワークに働きやすさやワーク・ライフ・バランスの改善に結びつく等、様々なメリットを感じています。そのため基本的には、テレワークの導入はリテンションを促進する可能性が高いと考えられます。つまり、継続したいという経験者の意向が強いこともあり、一旦導入したテレワークを早急に廃止することは、リテンションにネガティブに働く危険性があります。

　この点を採用担当者と社員へ尋ねた調査結果から見てみましょう。まず、採用担当者にテレワークと採用や定着との関係を尋ねた調査によると、リモートワークやテレワークを充実させないことが「採用や社員の定着にマイナスにはたらく」と回答した比率は約5割に上っています（パーソルキャリア，2021a）。また社員に対し、「転職を検討する際にリモートワーク・テレワークを実施しているかどうかは、応募の意向に影響しますか？」と尋ねた調査によると、「とても影響する」と回答した人と「やや影響する」と回答した人の合計は5割を超えていました（パーソルキャリア，2021b）。後半の調査結果は転職の意思について尋ねていますが、自社がテレワークを実施していない場合、実施している企業への転職意向が高まることは十分考えられます。つまり、この点からもテレワークはリテンションにポジティブな効

果があるといえます。

　すなわち、テレワーク自体を継続するだけではなく、テレワークという働き方がより社員のリテンションにつながるよう、運用の工夫や他の施策の導入によって欠点を改善することが必要なのです。テレワークのデメリットとして、同僚等とのコミュニケーションの不足が多くの調査で指摘されています。実際オフィスに出社しなくなるテレワークは、自宅やレンタルオフィスなど社員が好きなスペースで業務に取り組むことになり、コミュニケーションは不足しがちになるからです。その結果、仕事で行き詰ったときの相談やキャリアについての悩みなど、先輩や上司から学び成長する機会が減る可能性があります。つまり、社員のモチベーションを維持・向上させるには、「1 コミュニケーション活性化」のための施策が欠かせないのです。そこで、社内報の発行やオンライン上の職場懇談会の実施を併用することが求められます。

　また、コミュニケーションの不足、特に「感謝の言葉をかけたり、かけられたりする機会」の不足を補うには、ピアボーナスの活用が考えられます。これは、第 7 章で詳述しますが、スマートフォンアプリや社内のチャットツールから、社員同士が日々の仕事における行動や結果を評価し、お互いに報酬を贈り合うツールです。

　さらに、仮想オフィスサービスの導入も考えられます。これは、仮想的なオフィス空間を提供するサービスで、現実のオフィスで働いているときのようにネットワークを通じて同じ空間で働いているような感覚を提供します。タテとヨコのコミュニケーションを意識したチーム労働の感覚といっても良いかもしれません。仮想オフィスサービスでは、一般に社員の出退勤管理や気軽に雑談することができる雑談ルームやチームの掲示板等の機能も同時に提供されています。

　その他にも、成果に結びつくプロセスが見えにくい点や評価に対する不安の低減に向けては、明確な評価基準や達成すべき目標を設定することが求められます。成長するための道筋や目標を達成することによる評価の向上がはっきり見えることでモチベーションの維持向上につながるからです。また、テレワークを直接リテンション向上施策として活用した例も見られます。例えば、介護離職を防ぐため、介護を理由とする場合、月 10 日であるテレワークの上限を撤廃した企業の例などが報告されています（朝日新聞,

第5章　リテンション・マネジメントの具体的な施策

2024)。要は、テレワークという働き方の長所をうまく活用していくことが
重要だといえます。

11 中途採用者のリテンション・マネジメント

　転職の一般化や新卒者の採用難によって、多くの企業で中途採用者が増
加してきました。実際、企業に対し、今後3年間の中途採用（正社員）の予
定を尋ねた国の調査によると、「今後採用する予定」と回答した企業が半数
を超えています（厚生労働省，2021a）。さらにその中で、「転職者を優先し
て採用したい」とする企業が3分の1を超えていました。企業の中途採用意
欲の高まりが明らかにされています。

　同時に、企業側は即戦力であることを中途採用者に求める傾向がありま
す。同調査によると、管理的な仕事、専門的・技術的な仕事および販売の仕
事では、「経験を活かし即戦力になるから」というのが中途採用理由のトッ
プを占めています。このように早期の戦力化が期待される中途採用者が退職
してしまう、すなわち多重転職という事態は、企業としては極力避けたいも
のです。なぜなら実際、中途採用社員1名が入社後3か月で早期退職した場
合の損失額は、採用、在籍、教育研修費用を含めて190万円近くに上るとい
う試算結果も見られています（エン・ジャパン，2023）。中途採用者が早期
退職した場合の企業に与えるネガティブな影響は非常に大きいのです。

　さて、このように重要性が高まっている中途採用者に対して、企業はど
のようなリテンション・マネジメントを行っているのでしょうか。中途採用
者のリテンション向上のため、企業で行っている取組みについての調査によ
ると、上司との定期面談（1 on 1 ミーティング）と歓迎会での交流が上位に
挙げられています（次ページ**図表5-11**：エン・ジャパン，2019b）。この
結果は、前章の「若年社員の定着のための施策」（**図表4-5**）や「企業が有
効と考えるリテンション・マネジメント」（**図表4-6**）で示されたコミュニ
ケーション活性化の重要性と軌を一にしています。上司との定期面談は様々

129

■図表 5-11　中途入社者の定着率向上のため、貴社で行っている取組み
（複数回答）

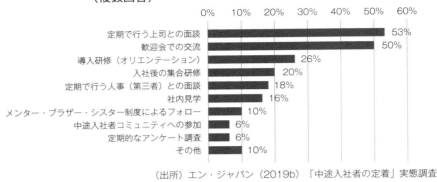

（出所）エン・ジャパン（2019b）「中途入社者の定着」実態調査

な場面でその重要性が指摘されますが、中途採用者にとっても同様です。特に、中途採用者にとって直属上司との人間関係は転職当初最初に遭遇するものでもあり、その重要性は特に高いといえます。同様に、部署でのコミュニケーションの活性化は重要であり、歓迎会等による交流は施策として十分効果があると考えられます。

　さらにそれだけでなく、導入研修や入社後の集合研修など、即戦力として期待はしつつも研修等の能力開発を重視していることもわかります。特に即戦力として期待されて入社した中途採用社員は、新卒者とは異なり、上司等から細かく指導してもらうことは少ないでしょう。しかし、前職で身につけたマナーや仕事の進め方は採用者によって異なるため、それらの違いを調整していく必要があります。また組織が変われば、仕事に対する考え方やその進め方、果たすべき役割も異なります。そのため、まずは組織と中途採用者の間でお互いの認識をすり合わせることが大切です。その上で、職場に早く慣れて新たな人間関係を構築し、これまでのキャリアや自身の強みを活かし成果を挙げていく必要があります。

　実際、いくつかの調査結果によると、転職の一般化に伴い、異業種への転職が増加する傾向にあります。さらに、転職時の業種・職種異同のパターン別に調査したある調査によると、「異業種・異職種」型の転職をした人の比率が最も高く、次いで、「異業種・同職種」、「同業種・同職種」、「同業種・異職種」の順でした。業種が異なるだけでなく職種が異なることは転

職時の適応をさらに困難にします。すなわち、仕事のやり方、マナー、ワークフローの考え方が異なる転職者が増加してくる可能性は高いといえます。中途採用者のキャリアや実績を重視しつつ、早期に職場に慣れ、戦力となってもらうことがリテンション・マネジメントとして重要だといえます。

◎ 組織再社会化

　そのための基盤となる考え方の一つが、組織の一員になることを意味する組織社会化を拡張した「組織再社会化」です。組織社会化は、新卒者が社会人として初めて組織に入り、仕事を覚え、人間関係に適応するとともに、組織の一員としてその価値や規範を修得し獲得する過程を指します。組織再社会化はこれを転職者に応用した考え方です。転職によって、個人が前の組織で達成してきた課題や獲得してきた態度を、場合によっては白紙に戻し、転職先の組織が要求する課題の達成や態度の修得が必要になるというものです。同業種の会社への転職で類似した職種・職務を担当するとしても、会社によって文化や風土、そしてワークフローは異なるからです。

　再社会化で必要とされる課題については、転職先での担当職務が前職務と無関係な場合や、前の組織と新しい組織とで、規則・規範・価値などの隔たりが大きい場合（組織文化が大きく異なる場合）、その達成が困難になると考えられています（高橋，2002）。つまり、増加傾向にある異業種・異職種型の転職者の場合、組織再社会化がそれほど簡単ではない可能性があるのです。しかし、中途採用者が多い組織ではこの組織再社会化をできるだけ短い期間で達成してもらうことが喫緊の課題です。そうでないと、さらなる転職、多重転職につながる可能性があります。

　実際、「今年も苦労して採用した転職者が使えなかった」等の声を、人事担当者の方からお聞きすることがあります。こうした事態をコミュニケーションの活性化や研修によってできるだけ少なくしていくことが、リテンション・マネジメントとして求められるのです。

12 戦略的人的資源管理の観点から見た リテンション・マネジメント

　さて、これまで様々なリテンション・マネジメントの施策を挙げてきました。もちろん、一つひとつの施策を考えていくことも重要ですが、実際これらの施策間には一定の関係性、共通性があることが確認されています。そこで、リテンション・マネジメントの具体的な施策についての本章の最後で、個別施策間の関係性について触れたいと思います。

　それが、近年広がってきた戦略的人的資源管理に基づく考え方です。一般に言われる「戦略人事」とはやや違ったニュアンスがあります。戦略的人的資源管理は、一言でいうと、経営戦略と連動した人的資源管理を策定・実行することで、自社の競争優位の実現を目指そうとする考え方です。

①　経営戦略と人的資源管理の連動性

　戦略的人的資源管理の第1の特徴は、文字通り企業経営との密接な関係を重視した点です。これまでは、経理や法務と同様、人事という専門分野を基礎にした専門知識・スキルによって、ある程度独立して経営者を助けるという観点が重視されてきました。それに対し、戦略的人的資源管理では組織全体の経営方針や戦略との関連性が重視され、長期の経営計画を策定する際にも、人事部門のスタッフの関与が重要とされるようになってきました。それが発展したのが、第9章の人的資本経営とリテンション・マネジメントで触れているCHRO（最高人事責任者）といえます。

②　システムとしての人的資源管理施策

　戦略的人的資源管理の第2の特徴は、これまでの人的資源管理では、人材公募制度、限定勤務地制度など、一つひとつの施策の導入の影響、例えばリテンションへの影響を検討するという、いわばミクロレベルの分析が中心でした。しかし、戦略的人的資源管理では組織全体のシステムとしての施策を考えます。そして、人的資源管理全体のシステムを構成する多様な施策は相互に強い相関関係にあり、単なる寄せ集めや（加算）以上の効果、つまり

132

相乗効果を持つため、個々の機能を切り離して扱うことはできないと考えます。

③ 職務や組織へのコミットメントを高めるような施策群とは

このような特徴を持つ戦略的人的資源管理の中で、リテンション・マネジメントに最も近い考え方が、「ベストプラクティス・アプローチ」と呼ばれるものです。これは、人的資源管理施策には唯一最善の方法があるという意味で、ある特定の施策（群）と組織の成果との関係が、どのような組織でも普遍的であるという視点に立っています。

近年欧米諸国では、高学歴化が進み、高い専門性を持つ人々が増加してきました。彼らは、自ら考え、意思決定し、問題解決するような自律性・専門性の高い職務を担当しています。このような状況のもとでは、社員を動機づける人事施策は以前とは大きく異なるものとなってきました。Lawler（1986）は、これらを背景に、a. 社員の経営参加を促進するような組織風土、b. それを促進するリーダーシップや将来の経営ビジョンを明確に示すトップ、c. フラットな階層の少ない組織、スタッフ部門の縮小、d. 経営戦略・新製品開発・人的資源管理施策まで幅広く決定するタスクフォースやプロジェクトチームの設置、e. 部下への権限委譲、社内情報の積極的公開、f. スキルを中心とした給与やゲインシェアリング（利潤分配）などの報酬システム、g. 知識やスキルのレベル向上に対する積極的な支援を柱とする施策の導入を主張しました。同時に、これら施策間に一貫性が保持されることの重要性を指摘しています。

以上をまとめると、社員に相対的に高いスキルを求めるとともに、同僚との協働状況の中でスキルを活かす機会と決定権を与え、モチベーションと組織へのコミットメントを高めるといった特徴を持つ施策です。これらの施策は、社員の職務や所属組織へのコミットメントを高めるという意味で、「（ハイ・）コミットメントモデル」とも呼ばれています。

これらの施策の実施は、従業員の価値や独自性を高めるため、彼らを失った場合（退職）のコストを高めることにもなります。また、施策を実施した組織では、社員に求めるスキルの水準も高いものとなるので、職務業績を高めるには勤続期間のある程度の長期化と経験の蓄積が必要とされるようになるでしょう。すなわち、これら施策の導入はリテンション効果を持つと考え

られます。これまでの様々な研究でもコミットメントモデルの施策の実施は、全体としてリテンションを促進することが示されてきました（山本，2009a）。実際、経営参加の促進、部下への権限委譲、社内情報の積極的公開、積極的な能力開発の支援等はこれまで本章で触れてきた個別施策とも共通していることがわかります。

　それでは、キャリア開発支援と能力開発との関係で、施策間の具体的な連動性について見てみましょう。ある調査結果によると、能力開発に積極的な企業ほど、また中長期的な能力開発方針を持っている企業ほど、社員のキャリア開発支援に積極的でした。キャリア開発支援の代表的な施策であるキャリア研修について、a. 必須の研修にしている、b. 3日以上等比較的長期にしている、c. 社外講師に委託している、d. 研修後も参加者全員にフォローアップの機会を設ける等の傾向が見られました。つまり両者間に連動性が見られたのです（労働政策研究・研修機構，2023）。

④　社員の行動に注目した戦略的人的資源管理のモデルとは

　さらに戦略的人的資源管理で、リテンションと関係が深いのが、行動アプローチと呼ばれるものです。これは、経営戦略と組織業績との間を仲介する要因として、社員の行動に焦点を当てています（**図表5-12**：山本，2009a）。つまり、組織の経営戦略に規定された人的資源管理システムが、社員の職務行動に影響を与え、それが生産性、退職率等の人的資源管理上の成果につながり、最終的に組織業績に影響するというものです。**図表5-12**の「成果」の部分を、社員の定着（リテンション）としたのが、戦略的人的資源管理論に基づくリテンション・マネジメントなのです。つまり、経営戦略が人的資源管理施策を導き、それが社員に何らかの行動を引き起こし、最

■図表5-12　戦略的人的資源管理の行動アプローチ

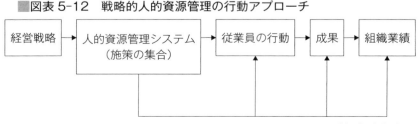

（出所）山本（2009a）

終的に組織に利益をもたらす多くの成果につながるとするものです。すなわち、人的資源管理施策が社員のリテンションの向上を通じて最終的により高い財務業績に結びつくかどうかという点が、リテンション・マネジメントの意義という点で重要なのです。

　このモデルにおいて、社員に誤ったメッセージを与えるような場合があります。行動アプローチにおけるポイントとしては、これらと逆行するような施策を実施していないか、慣習が見られないかをチェックする必要があります。一例でいうと、「経営戦略」として業績重視の成果主義を掲げている場合、「施策の集合」として年俸制、目標管理制度等を取り入れていると考えられます。しかしそれにもかかわらず、人的資源管理システムの中に、年功給の要素や年功による昇進の仕組みを残している場合が問題となる可能性があります。

　なぜなら、業績を挙げることが本当に重要なのかどうかについて、社員に対して誤ったメッセージを与える可能性があるからです。言い換えると、システムの中でアクセルとブレークを両方踏んでいることになり、「成果（リテンション）」に対しても相乗効果を生まないと考えられます。つまり、社員の行動やそれを通したリテンションとの関係を考えると、効率が良くないシステムになってしまうということがいえるでしょう。成果主義的人的資源管理を導入するのであれば、その目的のために首尾一貫した施策の編成を行う必要があるのです。リテンション促進の観点からも、個々の人的資源管理施策間の編成について検討する必要があるのです。

第**6**章

若手社員の離職の特徴とリテンション・マネジメント

自社のリテンションの中心的な対象として、多くの企業で挙げられるのが若手社員です。実際、新卒採用を採用の中心としている企業では、人手不足と採用難の中、多大なコストと時間を新卒者の採用と育成に費やしています。そのため、彼らが早期退職することによるネガティブな影響は大きく、それを少しでも減らしていくためにどのようなリテンション・マネジメントを行うべきかが多くの企業で問題となっています。

　本章では、若手社員に対象を絞り、彼らの離職の現状、離職理由、キャリアの発達段階から見た若手社員の特徴、発達段階ごとの若手社員の離職と定着の特徴、若手社員の定着に向けた課題、具体的なリテンションのための施策について考えていきたいと思います。

1　若手社員の離職の現状

　近年若手社員の離職の状況はどのようになっているでしょうか。まず、厚生労働省（2023b）の新規学卒者の離職状況から大卒者の就職後3年以内離職率の推移を見てみましょう（**図表6-1**）。過去の推移を見ても、ここ25年ほどはほぼ30％台で推移しています。つまり、新卒で入社した大卒社員の約3分の1が3年以内に離職している状況に大きな変化はありません。

　次に離職率を他の年代と比較すると、19歳以下、20〜24歳、25〜29歳の若手社員の離職率は他の年齢層より高く、年齢が高くなるほど離職率は低下します。すなわち、若手社員の早期離職は社員の離職の中でも特に大きな問題だといえます。第二新卒等、受け入れ先が比較的多いことも影響していると考えられます。もちろん、業種による差異は大きいため、まずは同業種内での企業間の離職率の差に注目する必要があるといえます。

第6章　若手社員の離職の特徴とリテンション・マネジメント

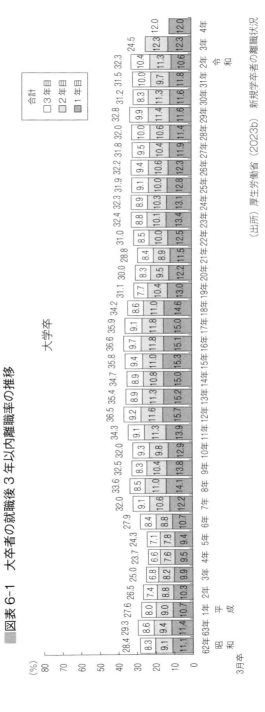

図表6-1　大卒者の就職後3年以内離職率の推移

(出所) 厚生労働省 (2023b)　新規学卒者の離職状況

2 若手社員の離職理由

　次に、若手社員の離職の特徴を離職理由から見ていきたいと思います。第3章では働く人全体の離職理由を検討してきましたが、ここでは、全体と比較しながら、若手社員の離職理由を検討していきます。さらに、できるだけ偏りを避けるため、代表的な3つの調査結果から、実際転職をした20代若手社員の離職理由を見ていきます。そして、それぞれの調査結果から上位5位までを挙げ、比較していきます（全て複数回答）。

　まず、1年以内に転職した人を対象とした転職サービスdodaの調査（2024）を見てみましょう（**図表6-2**）。第1位の「給与が低い・昇給が見込めない」は全年齢層対象の同調査でも第1位でした（他の年齢層の順位の記載省略）。これは、第3章で挙げた離職理由の分類によると「処遇が原因の離職理由」であり、年齢層による差が少ない理由といえます。これに対し、20代で特に高いのは、「ほかにやりたい仕事がある」でした。これは、同じく代表的な「仕事が原因の離職理由」といえます。「これまでとキャリアの方向を変えたい」というキャリアチェンジ志向は若手ほど強いと言われており、まさにその表れです。なおこの調査では、単一回答で転職の一番の理由も尋ねており、その第1位は「人間関係が悪い／うまくいかない」でした。これは、代表的な「組織が原因の離職理由」といえます。他の年齢層と比較して2～3倍ほど高い比率であり、若手社員の離職理由の大きな特徴といえます。

第 6 章　若手社員の離職の特徴とリテンション・マネジメント

■図表 6-2　20 代転職理由の本音ランキング

順　位	理　由
1 位	給与が低い・昇給が見込めない
2 位	人間関係が悪い／うまくいかない
3 位	社員を育てる環境がない
4 位	ほかにやりたい仕事がある
5 位	労働時間に不満（残業が多い／休日出勤がある）

（出所）転職サービス doda（2024）「転職理由ランキング」2023

　次に、同じく 1 年以内に転職した人を対象としたリクルートエージェントの調査（2024）を見てみましょう（**図表 6-3**）。まず、第 1 位の「労働時間・環境が不満だった」は全年齢層対象の調査でも第 1 位でした。これもdoda 調査と同じく代表的な処遇原因の離職理由です。また doda 調査とこの調査とで、順位は異なりますが、給与と労働時間という代表的な 2 つの処遇原因の理由が共通していることがわかります。加えて、他の年齢層と比べて高いのは、「仕事内容が合わない」でした。この仕事原因の理由も doda調査と同じく、若手社員の大きな特徴です。さらに、「自身の働き方を見直したかった」は、今後のキャリア形成を意識した理由であり、現状では難しいと判断し、新たな環境を求めて転職を決意した人が少なくないことが窺えます。これも doda 調査で指摘されたキャリアチェンジ志向を反映しているといえます。

■図表 6-3　20 代の「転職のきっかけ」ランキング（順位が同じものは回答比率同じ）

順　位	理　由
1 位	労働時間・環境が不満だった
2 位	仕事が合わなかった
2 位	キャリアアップしたかった
4 位	給与が低かった
4 位	自身の働き方を見直したかった

（出所）リクルートエージェント（2024）　年代別転職理由の本音

141

最後に、退職の報告をする際「本当の理由を伝えなかった」と回答した人に、本当の退職理由を尋ねたエン・ジャパン（2022a）を見てみましょう（**図表6-4**）。他の調査と同様、上位に組織原因の理由（「職場の人間関係が悪い」）と処遇原因の理由（「給料が低い」）が上がっています。また、「社風・風土が合わない」も代表的な組織原因の理由といえます。さらに、他の年齢層より高い理由として「仕事内容が合わない」があり、これもdoda調査の傾向と同様です。この理由は、他の調査でも挙げられた若手の代表的転職理由であるとともに、代表的な仕事原因の理由といえます。

■図表6-4　20代の会社に伝えなかった「本当の退職理由」ランキング（順位が同じものは回答比率同じ）

順　位	理　由
1位	職場の人間関係が悪い
1位	給料が低い
3位	会社の将来性に不安を感じた
4位	社風・風土が合わない
4位	仕事内容が合わない

（出所）エン・ジャパン（2022a）『エン転職』1万人アンケート「本当の退職理由」実態調査

　3つの調査から、全年齢層でも見られた自発的離職の代表的理由である「処遇」、「仕事」、「組織」が原因の離職理由が、20代の若手社員でも共通して見られました。処遇原因の理由として、「給与」と「労働時間」が上がっていることも明らかになりました。これらの点も重要ですが、若手の離職理由として注目すべきは、他の年齢層より高かった「自身の働き方を見直したかった」「ほかにやりたい仕事がある」「仕事内容が合わない」等仕事原因の理由です。ここから、働きがいや仕事での成長を求める意識が若手社員ほど強いことが窺えます。

　それでは次に、若手社員の離職の特徴を、若手社員を一まとめにせず、キャリアの発達段階によって分けて検討していきましょう。

第6章　若手社員の離職の特徴とリテンション・マネジメント

3 キャリア発達段階から見た若手社員の特徴

　働く人のキャリアは人によって異なり、誰一人として全く同じキャリアを歩む人はいません。つまり、一人ひとりのキャリア発達の様相は千差万別であり、全てを把握することはとてもできないということになります。しかし同時に、社会人としての最初の就職以降を考えると、多くの人のキャリアはある程度類似しており、年齢、勤続期間、ある職業に就いてからの期間、社会人になってからの期間などの段階ごとにある程度まとめて把握することができます。それが、キャリアの発達段階（キャリア・ステージ）と呼ばれるものです。

　昔から多くの研究者が、キャリア・ステージを様々に分類してきました。例えば、初期キャリア、中期キャリア、後期キャリアなどです。ここでは、若手社員を探索期（例 入社1～3年）と確立・発展期（例：入社4～6年以降）という2つのステージに分け、ステージごとの若手社員のリテンションを考えていきたいと思います。ただし、入社○年等はあくまで目安ですので人によって異なることは特に強調したいと思います。

4 探索期にある若手社員の特徴とリテンション・マネジメント

① 探索期にある若手社員の特徴

　キャリア初期にある若年社員は、キャリア・ステージから考えると「探索期」にあります。探索期とは、社会に出て自分の能力や適性を探索しながら、様々な経験を積んでいかなければいけない時期を示します。一般に早期離職とはこの時期での離職をいうことも多いでしょう。探索期にある人に見られる傾向は4つあります。

143

第1は、試行錯誤です。社会人として働き始めた時期は、仕事も覚えきれず、経験も少ないため、自信を持ちにくいという特徴が見られます。また、多くの人が初歩的レベルの仕事を担当するため、将来仕事で成功するため必要なスキルをどう身につけたら良いか明確にわからないことになります。上司、先輩に言われる仕事をただ盲目的にこなしていくというイメージです。そのため、自分の能力と仕事や会社で必要とされ求められる条件を一致させようとして試行錯誤せざるを得ません。

第2は、心理的な振り幅が大きいことです。探索期はジェットコースターに例えられます。経験が少ないこともあり、ささいな失敗にも挫折し、逆に小さなことをきっかけにモチベーションが高まります。また、勤めている企業がある年、業績不振でボーナスが減額すると、「この状態がずっと続くのではないか」などとすぐに悲観しがちです。

第3は、自信のなさもあり、他者からの影響を受けやすいことです。同僚・上司の指導や助言が彼らの心理や行動に大きく影響します。そのため、「年の近いAさんが辞めた」「信頼していた先輩が転職した」などという出来事は大きな衝撃となり、本人の転職のきっかけになることも少なくありません。このことは、後の第11章の連鎖退職でも触れます。

第4は、転職への抵抗感がより上の世代より小さいことです。この点には、一つの組織に勤続し続けるよりも転職してキャリアアップするのが当然だという、近年多くの人に見られるキャリア意識の変化も影響しています。周囲に転職経験のある同期や同年配の社員が多ければ、退職に向けたハードルは自然に低くなります。

② 探索期にある若手社員の離職と定着の特徴

それでは、初期キャリアの社員の離職にはどのような特徴があるでしょうか。

第1は、これ以降のステージの社員より離職率が高いということです。ここには、前述した心理的振幅の大きさが影響していると考えられます。また初期キャリアの社員には、人手不足の深刻化もあり、第二新卒等、受け入れ先が比較的多いことも影響しています。

第2は、これ以降のステージより衝動的離職が多い傾向が見られます。これは、損得勘定（合理的判断）を伴わず、何らかの感情に基づき比較的短

期の意思決定により行われる自発的離職のことを示しています。ここにも、心理的振幅の大きさが影響していると考えられます。

実際、「衝動的離職」をした体験者の声を以下に紹介します（山本，2018）。

> 「普通、退職の際には辞表を提出するのですが、私は無断で会社に行かなくなり、失踪してしまったんです。2か月ぐらい身を隠していました。親は警察に捜索願いを出したんですけど警察では見つけられなくて、結局探偵に見つかり、連れ戻されたんです」

社員寮に住んでいた彼は、財布など全部置いたまま、突如として失踪しました。原因は「頭がいっぱいで何も考えられなくなった」とのこと。「当時は仕事をどかんと与えられて処理できなくて、それでもまだ責められ続けるという状況でした」。結局、引継ぎをすることもなく、会社の人とも顔を合わせないまま書類上のやり取りだけでその会社を去ったそうです。

仕事で追い詰められ頭がいっぱいになるという状況は、働く人の多く、特に若手社員が経験することでしょう。しかし、そのときに周囲からの声かけや、制度を変える、上司を交代させるなど、状況を少し楽にしてくれるような働きかけがあれば、彼のような衝動的離職は防げたと思われます。

以上に加え、特に組織へのネガティブ感情が強い退職者の場合、SNS等へのネガティブな書き込みも行いがちです。それが積み重なることで、レピュテーション（評判）・リスクによるブランドの毀損や企業価値・信用の低下もあり得ます。

③　探索期にある若手社員の定着に向けた課題

まず、リテンションのための全体的な方針を考えることから始める必要があります。これは他のステージでも同じですが、一人ひとりの社員にそのステージ特有の「（発達）課題」を解決してもらうことを意味します。

探索期特有の第1の課題は、学校から職業（仕事）への移行です。「移行」とは「（キャリア・）トランジション」の訳語であり、キャリアにおける役割の変化を意味します。「転機」や「節目」とも呼ばれます。学校から職業（仕事）への移行は、専業主婦の再就職、昇進、転職や（最終的な）引退と

並び、役割の変化が大きいトランジションです。一般に、社会人は学生より高い責任感、主体性や細かいマナーが求められます。また、学生時代には、同級生、先輩・後輩や友人等、年齢や価値観の近い人と過ごすことで事足りますが、社会人になると、仕事を通して世代も価値観も異なる人と協力して仕事を進める場面が多くなります。これらの大きな役割の変化をスムーズに乗り越える必要があるのです。

第2の課題は、組織社会化です。組織社会化は、第5章の「11 中途採用者のリテンション・マネジメント」でも取り上げましたが、組織の一員としてその価値や規範を修得し獲得するという過程を意味します。例えば、担当した仕事をこなす、職場の同僚・上司と良好な人間関係を築く、組織の文化や規範を受け入れる、自分が組織に役立つ人間であることを周囲に知ってもらう等の課題です。組織社会化に成功することは、その後のキャリア・ステージでの順調な発達につながることが見込めます。つまり組織での人間関係が円滑になり、仕事の遂行に向けて、社員一人ひとりの態度が安定し、高い業績につながる可能性が高くなるといえます。そのため、組織は組織社会化を促進するため、様々な施策（「組織社会化戦術」）の実施が求められます。その他、探索期における組織の新人に対する働きかけにおいては、上司の役割[25] が重要です。例えば、ある百貨店の新入社員を対象にした調査によると、入社3年以内にどの部署に配属され、上司とどのような関係を築いたかが、その後のキャリア発達に大きな影響を与えていました（若林, 1987）。

中途採用の若手社員の場合はどうでしょうか。彼らについても、第1の課題である学校から職業（仕事）への移行はクリアしていますが、第2の課題は、組織再社会化という形で解決する必要があります。[26]

④　探索期にある若手社員に向けたリテンション・マネジメント

探索期にある社員が、③の課題を解決することにも役立つようなリテンションのための施策には、以下のようなものが考えられます。

第1は、新入社員研修の重視です。もともと新入社員研修は、組織の行う階層別研修の中で最も多く実施されています。これは、重要な組織社会化

---

[25] 上司の役割については、第8章も参照してください。
[26] 組織再社会化の意味や内容等については、第5章を参照してください。

戦術であるとともに、新入社員にできるだけ早く職場に慣れてもらうことを意味する「オンボーディング」のための施策です。オンボーディング施策の目的は、まさに早期離職を防止し、定着率を上げることなのです。

新入社員研修で最優先に求められるのは学校から職業（仕事）への移行です。また、リテンション・マネジメントとして実施率も高く有効性も認められたコミュニケーションの活性化も重視されています。特に、同時期に入社した社員同士の同期意識の形成を重視する企業が多く見られます。今後は、自分の（転職市場での）市場価値を重視する若手社員がさらに増えてくることが予想されるため、他社でも使えるスキルも視野に入れる必要があります。初任配属後行われるフォローアップ研修も重要です。できればこれを複数回実施することも有効だと考えられます。

新入社員研修には入社前の研修も含まれます。近年は大学等学校での学習重視のため、集合研修ではなく、オンライン研修や資格取得の推奨等が多くなっています。しかし可能であれば、同期入社者や先輩とのコミュニケーションを図る機会を入社前に設けることが望ましいでしょう。なぜなら入社前には、予期的社会化というメカニズムが働くからです。これは、将来参加する組織の価値基準、規範、役割についての知識や態度、技能を事前に学び、内面化するという機能です。これが進むことで、入社前から入社後に向けてのレディネス（準備状態）ができ、入社後の円滑な人間関係の構築に役立つからです。例えば、内定時点から来年入社する会社のことを「わが社」と呼ぶような状態です。

第2は、第5章でも触れた、OJTリーダーやブラザー・シスター制度等の整備です。OJTリーダーとは、新入社員や中途採用社員等に対するOJTの中心になる社員で、現場で仕事の流れや必要な知識・スキル・ノウハウなどを指導し、育成する役割を担います。入社数年の若手社員が望ましいですが、人手不足により入社10年以降等のベテラン・中堅社員が担う場合も増えています。新入社員研修が集団で行われるのに対し、一対一等個別の関係の中で集中的に仕事を覚えてもらうことが狙いの一つです。OJTリーダーの設置によって、年齢の近い先輩とのコミュニケーションチャネルが制度化されるため、次から次にわからないことに遭遇する初期キャリアの社員の日常的な相談相手となります。しかし、特に経験が浅い社員が担当する場合には、事前にOJTリーダー研修を受けてもらう等の準備が必要です。

ブラザー・シスター制度も OJT リーダーと類似した制度です。職場の先輩を兄（ブラザー）・姉（シスター）として、新入社員の職務上の指導をするとともに、企業の一員として生活していく上での悩みや不安に対するアドバイスを行う制度です。新入社員に対象がほぼ限られ期間も新入社員であるほぼ1年間であること、早期離職の防止と定着に主眼が置かれている点が特徴といえます。

　このように、早期離職のリスクがある探索期の若手社員は、キャリア・ステージ上の課題が多いこともあり、特にきめ細かいリテンション・マネジメントが必要だといえます。

5　確立・発展期にある若手社員の特徴とリテンション・マネジメント

①　確立・発展期にある若手社員の特徴

　若手社員の探索期の次のステージを、ここでは確立・発展期として考えていきます。確立・発展期の特徴は3つあります。

　第1は、自分に適した分野を見つけ、長くいられる場（仕事も含む）を見つけようとする時期です。この時期になると、多くの若手社員は、仕事に必要な基本的スキル（IT 機器の活用・上司への決裁を円滑に通す方法等）を既に身につけていることが多いでしょう。そして、自分の適性・能力や職場での立場をある程度把握できるようになってくるため、組織における自分の安定的な地位の確立に向け努力が注がれる時期といえます。探索期より心理的に安定してくる時期といえます。しかし、この時期から経験することが多い、配置転換・異動によって職場での立場や適性・能力の把握が遅れたり、逆に早まったりします。

　第2は、自分の仕事のやり方やワーク・スタイルが確立する時期です。つまり、仕事に自分の個性を活かすことができるようになってきます。逆に、社員間の業績に明確な差が見られるようになり、成果主義の組織では、賃金や昇進等の処遇に違いが見られるようになります。配置転換・異動によ

第6章　若手社員の離職の特徴とリテンション・マネジメント

る影響は第1と同様です。

　第3は、自分の将来の目標（キャリア目標含む）が、（暫定的にしろ）固まってくる時期です。そのため、目標を達成するための行動をとるようになり、キャリア上の戦略の実行が可能となります。

②　確立・発展期にある若手社員の離職と定着の特徴

　第1は、自分の適性・能力の他の社員との差が明確になり、より適性・能力に合った仕事の探索に関心が向く時期でもあります。そのため、探索期ほどでありませんが、転職が多い時期といえます。

　第2は、探索期と違い、組織内での数回の評価を経ているため、ある程度適性・能力を踏まえた転職が可能となります。そこで、衝動的離職は探索期より減ってきます。

　第3は、家庭を持つ人も現れ、経済的基盤確立の必要から、転職先の選定条件として、仕事内容とともに収入を重視する傾向が強まります。つまり、確立・発展期にある社員は即戦力を求める転職市場の主役ともいえます。

　また、この時期以降、社員はいったん転職すると、前述した組織再社会化という、組織社会化に類似した課題が発生します。これがうまくいかないと、業績を挙げられませんし、その後のキャリア発達が図れないということになります。

③　確立・発展期にある若手社員の定着に向けた課題

　確立・発展期には、探索期の課題であった学校から職業（仕事）への移行や組織社会化という課題を解決する必要はありません。その代わり、一人ひとりに異なった確立・発展期特有の課題を解決してもらう必要があります。いずれも、「組織内」であることがポイントです。

　第1は、組織内で希望する仕事をする機会を見つけることです。

　第2は、組織内でより広い範囲の他者との関わり方を学ぶことです。

　第3は、組織内での地位の（少なくとも中期的な）安定を築いていくことです。

　第4は、この時期以降、社員は徐々に組織内のキャリア形成として重要な昇進の対象となります。昇進・昇格をしないと、その後の組織内のキャリ

149

ア形成に支障をきたします。また、将来の昇進の見通し悪化を意味するキャリア・プラトー現象（山本，2016）による転職も増える可能性があります。

④　確立・発展期にある若手社員に向けたリテンション・マネジメント

確立・発展期にある社員が、③の課題を解決することにも役立つようなリテンションのための施策には以下のようなものが考えられます。

第1は、第5章で触れた社内人材公募制度の導入・拡充です。自身の能力・適性を社内で活かせる機会を広げる施策であり、自分の適性・能力を把握してきた確立・発展期の社員にとって役立つ施策です。特に、現在の部署で同じ職務を長く担当し中だるみ状態になっている社員の場合、モチベーションの喚起につながる施策と考えられます。

第2は、チームリーダーへの積極的登用です。近年、多くの組織で管理職の数や階層を減らすというフラット化が進行しています。それによって、社員の昇進が遅くなるというキャリア・プラトー現象が深刻化しています。すなわち、若手社員がリーダーシップ経験を持つ機会自体が減っているのです。リーダーシップやマネジメントの経験を積みたいと考える優秀な若手社員のキャリア形成にとって明らかにマイナスといえます。そこで、部署内または部署横断のチームでリーダーシップ経験を積めるチームリーダーに確立・発展期にある社員を登用することは、彼らのリテンションにつながる施策といえるのです。

第3は、OJTリーダーや（ブラザー・シスター制度での）ブラザー・シスターへの登用です。これは、探索期にある社員のリテンション施策であるとともに、確立・発展期にある社員のリテンションにも役立つと考えられます。なぜなら、コミュニケーションスキルの向上や、自分が習得したばかりのスキルや経験を他人に教えることで自分の業務の振り返り・改善ができるという利点があるからです。また、新入社員と比較することで、自分の成長を実感できる機会を得られます。これらの経験によって改めて自身の能力・適性を振り返る機会になり、リテンションにつながる可能性も高いと考えられます。

第4は、第5章の「1 コミュニケーションの活性化」で触れた、職場懇談会の実施と社員からの提案の積極的な活用です。普段から考えている職場の問題点の改善を含む提案を受け入れ、途中過程も社員にフィードバックする

ことは、トップ等とのコミュニケーションを重視する優秀な若手社員の定着に資する施策だと考えられるからです。

　多様性が重視される現代、若手社員といっても様々です。しかし、キャリアの形成や発達という観点から見ると、社会人としての初めての就職、初めてのことばかりの初任配属を経て、研修を受け、先輩等から仕事を学ぶという過程の中で、仕事をこなすことができるようになるという流れは変わらないでしょう。すなわち、転職が一般化した現代、キャリアの形成や発達とは選択と適応の繰り返しだといえます。その観点から、若手社員の個性を重視するとともに、一般的な特徴も把握しながらリテンションを図っていくことは重要だといえます。

第7章

リテンション・マネジメントにおける働きがいやエンゲージメントの重要性

近年、働きがいを重視する人が増えてきました。仕事による成長の重視といっても良いでしょう。第5章で触れた具体的なリテンション・マネジメント施策でも、配置管理、能力開発や業績評価等の組織の施策でも働きがいを高める必要性を指摘してきました。また、この点には、多くの組織で実施されてきた働き方改革によって、働きやすさがある程度は改善されたことがあると考えられます。同時に、働きがいが得られないことが理由で離職する人も増える傾向にあります。そこで本章では、まず、働きやすさと比較して働きがいとは何かを検討します。その後、リテンション・マネジメントにおける働きがいの役割を明らかにします。さらに、類似しているエンゲージメントの役割について考えていきたいと思います。

1 働きやすさと働きがい

　そもそも社員にとって長く働き続けたいと思うような魅力的な会社、会社側からすればリテンションがうまくいっている会社とは、どのような会社なのでしょうか。

　第1が、働きやすい会社です。残業時間削減や休日を取得しやすくする、非正規社員の処遇の改善等の働き方改革は、社員の働きやすさの改善につながります。つまり働きやすさは、働き方改革で主に改善・向上が求められたもので、多くの人が属性、就業形態等に関わらず長く働き続けられることを意味しています。働きやすさは、労働時間等客観的な数値で計測しやすく、一般には、「ブラック企業」と対照的な「ホワイト企業」と呼ばれるような企業が働きやすい企業と考えられます。

　第2が、働きがいのある仕事ができる会社です。働きがいとは、働いた結果に（自分にとって）ポジティブな意味が見出せることで、仕事でワクワク感や成長したという感覚を感じ、モチベーションやエンゲージメント（仕事への熱意度）が高いことを言います。2030年を目途に国連で採択され、わが国でも多くの組織で達成が目指されているSDGs（持続可能な開発のた

めの目標）の観点からも、働きがいは注目されてきました。SDGs8（働きがいも経済成長も）では、「すべての人々のための持続的、包摂的かつ持続可能な経済成長、生産的な完全雇用およびディーセント・ワークを推進する」という目標を掲げています。この「ディーセント・ワーク」とは、「働きがいのある人間らしい仕事」を意味しており、これが働き方改革の原点となっているのです。すなわち、わが国の多くの組織で行われている働き方改革は実は「働きやすさ」ではなく、「働きがい」を出発点としていることがわかります。

　働きがいを高めるためには、部下に仕事を任せていく権限委譲という上司の役割が重要になります。適切な権限委譲を行うことで、部下のモチベーションと定着への意欲が向上します。なぜなら、重要な業務を任せられた部下は、「自分は上司や会社から頼りにされている」、「期待されている」と思うようになるからです。

　そして、任せられた業務を最後まで達成させることができれば成功体験が得られ、自信が持てるようになります。この積み重ねが「自己効力感」につながるのです。人は仕事を通して成長したいと思っています。そこで、成長を実感できる組織を辞めようとは思わなくなります。適切な権限委譲を行うには、まず、どの社員に何の業務を任せるかを決めることが必要です。一人ひとりの適性に合った業務を任せれば、生産性も向上し、仕事の完成度も高まります。そのために、各自の特徴を把握することが重要となります。

　さて、前述したように働き方改革では、労働時間など仕事の外形的、形式的側面を問題とし、「働きやすさ」の改善を目指しています。しかし外形的側面だけを改善しても、不満が解消されるだけでそのまま労働生産性向上とはいきません。そこで、仕事の内容的側面として「働きがい」の向上が重要になります。働きやすさと働きがいという2つの軸で働き方改革をとらえる必要があるのです。

　それでは、「働きがい」についてそもそもどのようなものか深掘りしていきましょう。働きがいの「かい」は、行為の結果としての効果などを意味し、類語にやりがい、生きがい、育てがいなどがあります。つまり、働きがいとは「働いた結果に意味が見出せること」で、働いている間だけに感じるものではありません。例えば、仕事の達成感や責任範囲の拡大、能力向上や自己成長、チャレンジングな仕事など、やる気やモチベーションにつながる

ものです。つまり、働く時間が短くなれば社員は満足するかというと必ずしもそうではなく、逆にもし、仕事を通じた成長感や達成感までそがれてしまうと働きがいは低下します。会社の定着率にも影響してきます。働きやすさと働きがいには関連があり、混同して使われることがありますが、別個に考える必要があります。そして、人が定着するには両方とも充実していく必要があるのです。

　ここで考えなければならないのが「やりがい搾取」です。これは、「金銭や福利厚生などの待遇改善が不十分なまま「やりがい」のみで仕事をさせ、労働者の労働力や時間を奪い取る」（本田，2016）企業の姿勢を意味します。言い換えると、「働きがい」を社員に強く意識させることで、不十分な「働きやすさ」つまり、不当な低賃金や長時間労働を強いることを意味します。具体的には、アニメ業界やデザイン業界の一部の企業など、仕事自体のやりがい、面白さ、使命感を強く意識する社員が多い組織に見られます。つまり、まずは働きやすさを改善し、それとともに働きがいを向上させることが求められるのです。働き方改革の進展もあり、現代、人々の働きやすさに対する要求水準は以前より明らかに高くなってきたからです。

2 ｜ 働きがいとリテンションとの関係

　働きがいは社員のリテンションとどのような関係があるのでしょうか。まず、実際に転職した人の転職理由についての調査結果を見てみましょう（厚生労働省，2021a：**図表 7-1**）。これらの理由のうち、下線の理由は、特に働きがいに関係する理由と考えられます。かなりの人が働きがいの欠如によって実際に転職していることがわかります。

156

第7章　リテンション・マネジメントにおける働きがいやエンゲージメントの重要性

■図表7-1（図表3-1の再掲）転職者の転職理由（3つまで複数選択）

順　位	転職理由	％
1位	労働条件（賃金以外）がよくなかったから	28.2
2位	満足のいく仕事内容でなかったから	26.0
3位	賃金が低かったから	23.8
4位	会社の将来に不安を感じたから	23.3
5位	人間関係がうまくいかなかったから	23.0
6位	他によい仕事があったから	16.1
7位	いろいろな会社で経験を積みたいから	15.9
8位	能力・実績が正当に評価されないから	15.3

（出所）厚生労働省（2021a）　転職者実態調査

　次に、働きやすさとの比較の観点から、現在の働きやすさおよび働きがいと定着意思との関係を尋ねた調査結果が以下の通りです（**図表7-2**）。この結果からわかるように、所属する会社が「働きやすい」と思っている社員は、「働きやすくない」と思っている社員より「今の会社でずっと働き続けたい」という定着志向が強いことがわかります。「働きがい」ではその差がさらに開き、「働きがいがある」と思っている社員は、「働きがいがない」と思っている社員より定着志向がより強いことがわかります。今後の働き方改革の推進においても、「働きやすさ」とともに、「働きがい」を重視する必要性が高いことが、この調査からも明らかになっています。

■図表7-2　「働きがい」「働きやすさ」と従業員の定着との関係

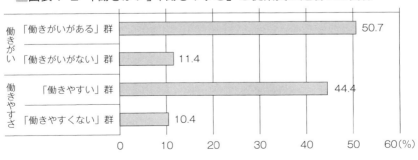

（出所）厚生労働省（2014）　働きやすい・働きがいのある職場づくりに関する調査報告書

また社員の方からも、リテンション向上につなげるためには働きがいを高めていく施策が必要だという、次のような聞き取り結果も得られました（山本，2019）。

> 　「特にベンチャー企業であれば、業績が悪くなったとしても、何かにチャレンジしているとか、新たな学びがあるというインセンティブが働いていれば、もっとその会社で働きたいという感情が出てくると思うので、そこを大事にしていきたいですね」

3 組織現場における社員のエンゲージメントとは

　それでは、社員のリテンションとの強い関係が明らかにされた働きがいをどのようにとらえたら良いでしょうか。働きがいは厳密に定義された学術的な用語ではなく、働きがいを数量化する一般的な指標はありません。そこで、「働きがいを感じている」状態を測定し、他者と比較しようとする場合、何らかの類似した概念の観点から見ていく必要があります。「働きがいを感じている」状態とは、これまで実務的には、ワーク・モチベーションやエンゲージメントが高い状態としてとらえられてきました。ワーク・モチベーションは一般的に使われる用語です。しかし、社員間や企業間でその高さを比較するような調査データは整っていないのが現状です。それに対し、エンゲージメントは近年、内外の調査機関や調査会社でデータが公開されるようになり、ある程度比較も可能になってきました。そこで本章では、エンゲージメントの観点から働きがいをとらえていきます。

　エンゲージメントは大きく二つに分けることができます。一つが、ストレス研究から発展し学術的観点で使われるエンゲージメントで、「ワーク・エンゲージメント」と呼ばれます。自分の仕事を対象とするエンゲージメントであり、「活力、熱意、没頭に特徴づけられる、仕事に関連したポジティブで充実した心理状態」（Schaufeli et al., 2002）等と定義されます。それに

対して、組織現場で使われるエンゲージメントは、「従業員エンゲージメント」と呼ばれ、仕事だけではなく所属組織等も対象とするエンゲージメントです。これは、「企業の成功に貢献しようという従業員の意欲とそのための能力」（Towers Perrin, 2003）等ととらえられています。すなわち、高業績につながる企業と個人の強い結びつきや企業の目指す目標に対する自発的な貢献意欲を意味しています。社員を対象にしたエンゲージメント調査という形で使われる場合は、所属組織以外に、雇用主、仕事、上司等に対するエンゲージメントも項目として採用される場合が多いようです。すなわち、エンゲージメント調査が一般化する以前に多くの企業で使われてきたモラールサーベイや満足度調査と、質問項目の内容がかなりオーバーラップしているのが現状です。

　組織現場で使われ、内外の調査機関や調査会社でデータが公開されているとともに、第9章の人的資本経営において開示や価値の向上が求められているのは、従業員エンゲージメントです。そこで本章では、リテンション・マネジメントにおいて重要な位置づけを占める働きがいを示す指標として、モラールサーベイ等との重複という欠点はありますが、従業員エンゲージメントに注目していきます。自社の社員のエンゲージメントが高い企業に調査の実施による効果を尋ねた調査結果からも、「組織の活性化」、「社員のモチベーションの向上」、「業績の向上」に次いで「離職率の低下（定着率の向上）」が挙げられており、エンゲージメントとリテンションとの関係の強さが窺われるのです（HRビジョン，2019）。

4 わが国の組織従業員のエンゲージメントの現状と組織の課題意識

　それでは、わが国の組織で働く従業員のエンゲージメントの現状はどのようになっているのでしょうか。ギャラップ社（2023）の国際比較調査によると、「エンゲージしている社員（熱意あふれる社員）」の比率は、わが国はわずか5％で、145か国中イタリアと並び最下位でした。そして、5％とい

うのは4年連続で過去最低を更新していました。それに対し、世界平均は23％で、2009年の調査開始以来、過去最高でした。例えばアメリカは34％でした。逆に、「エンゲージしていない社員（やる気のない社員）」の比率は、わが国は実に72％に上っているのです。さらに、周囲に悪影響を及ぼすという点でより問題と考えられる「全くエンゲージしていない社員（職場で声高に不満を周りにまき散らす社員）」の比率は、わが国は23％と、4人に1人に上っています。わが国の組織従業員のエンゲージメントはグローバルに見ても最低水準であるとともに、世界的な上昇傾向と連動していないことがわかります。

　それでは、このようにグローバルに見ても全体に高いとはいえない社員のエンゲージメントに対する企業の課題認識はどのようになっているのでしょうか。企業が抱える経営課題に関する調査によると、第1位「人材の強化（採用・育成・多様化への対応）」（48.9％）、第2位「収益性向上」（44.9％）、第3位「売り上げ・シェア拡大」（32.0％）〜第6位「働きがい・従業員満足度・エンゲージメントの向上」（14.6％）の順でした（日本能率協会，2023）。人的資本に関する情報公開の浸透もあり、22年12.3％（第7位）、21年11.0％（第6位）よりはやや上昇しています。すなわち、経営課題全体の中では非常に高くはないが、近年やや課題意識が向上しているというのが現状といえます。

　以上から、まず組織に求められるのは、社員のエンゲージメントの実態を知ることです。第9章の人的資本経営でも取り上げますが、エンゲージメント調査を定期的に実施することが求められます。それによって、部署別、属性別の課題等も明らかにされてきます。

5 エンゲージメント向上のために求められる組織の取組み

1 組織の取組みの国際比較

　それでは、具体的にエンゲージメントを向上させるための組織の取組みとしてはどのようなものがあるでしょうか。エンゲージメント向上に向けた組織の取組みに関する国際比較調査の結果によると、グローバル全体、アメリカ、イギリス等の欧米諸国と比較して、わが国の組織の取組みだけかなり異なっていました（Towers Watson, 2014）。そして、わが国組織の取組みの第1位が「権限委譲」、第2位が「業務量とワークライフバランス」、第3位が「（組織全体の）目的・目標」、第4位が「コミュニケーション」、第5位が「報酬」という順になっています。

　権限委譲、業務量とワークライフバランスとも、管理職（上司）が重要な役割を果たす必要があります。すなわち、わが国の組織では管理職（上司）がエンゲージメント向上において重要な位置づけにあることがわかります。また、業務量とワーク・ライフ・バランスは、働きやすさの指標でもあります。このことから、働きやすさの向上が直接働きがいに寄与する可能性、言い換えると働き方改革の推進自体が働きがいに寄与する可能性が指摘されます。

　しかし、残念ながら、グローバルで第1位だったトップのリーダーシップや企業の社会的認知・使命（image）は、わが国だけランク外でした。社員のエンゲージメントを促進するプレーヤーとして、経営トップにより関わってもらうことや、経営理念や組織のパーパスを再検討し、社員にとってもより訴求力のあるものにしていくことの必要性が示されたといえます。

2 （社員同士の）称賛や感謝を促進する取組みとは

　それでは、以上の結果に基づき、具体的に社員の働きがい、エンゲージメントを高める施策を検討していきましょう。

まず、社員の働きがい、エンゲージメントを高めるためには、働いた結果が社内で承認され、称賛・感謝されることが必要です。この背景には、社会的交換理論という考え方があります。これはいわゆるギブアンドテイクの原理を意味し、人は相手との相互作用における報酬とコストを比較し、交流による報酬がコストを上回れば、その人に対し魅力を感じるとするものです。その結果、働きがい、エンゲージメントの向上につながる可能性が高まるのです。

　もちろん、称賛や感謝は、第5章で取り上げた業績評価とも関連します。しかし業績評価とは別に、称賛や感謝を促進する組織のマネジメントを「レコグニション（承認）・マネジメント」と呼ぶことがあります。具体的には、組織が社員の取組みを承認、または社員同士で承認し合うための施策を意味します。

　それでは、そもそも組織において社員が称賛された、感謝されたと感じる、すなわち評価されたと感じるのは、どのような場合やきっかけによるのでしょうか。20～30代の組織で働いている人に対する調査によると、自分が評価されたと感じるのは、昇給・昇進、直接の感謝・称賛、間接的に評価・評判を聞いたときという順でした（Unipos, 2018）。昇給・昇進という、客観的にもわかりやすい節目だけではなく、いかに日頃の称賛や感謝によって評価を感じる人が多いかがわかります。特に、感謝・称賛は直接行うことの重要性も明らかにされました。また、直接の感謝・称賛によって評価されていると感じる傾向の強さを、年齢層によって見ると、20代前半、20代後半、30代後半の順になっていました。つまり、年齢が低いほど直接の感謝・称賛によって評価されていると感じる傾向が顕著であることがわかります。社員の早期離職への対策としても、直接の感謝・称賛が重要である可能性が示されています。

　ちなみに同調査によると、感謝を言われる「頻度が高い」と思っている人は平均で約9日、「頻度が低い」と思っている人は平均で約28日に1回感謝を言われているという結果が見られています。「頻度が高い」と思っている人の4分の3が週1回以上感謝を言われており、「頻度が低い」と思っている人の2倍を超えているのです。働きがい、エンゲージメントにつながる感謝や称賛はかなり頻繁に言われる必要があるといえます。さらに、感謝・称賛は誰からされるかによって効果が異なることが予想されます。そこで、

第7章　リテンション・マネジメントにおける働きがいやエンゲージメントの重要性

誰からの評価で、評価されたと感じるかを尋ねた結果が**図表 7-3** に示されます。

■図表 7-3　誰からの評価で、評価されたと感じるか（複数回答）

(%)

	N	上司から	同僚から	部下から	顧客から	その他
直接の感謝・賞賛	1,172	93.3	42.8	9.9	41.3	1.5
間接的に、評価・評判を聞いた時	757	81.9	66.6	17.0	45.0	2.1

（出所）Unipos（2018）　感謝と仕事に関する調査

　直接の感謝・称賛、間接的に評価・評判を聞いた時のいずれも、「上司から」が8割以上であり、部下を評価する際に上司の役割が非常に大きいことがわかります。同様に、同僚からの評価は、顧客以上にインパクトがあることも示されています。特に「間接的に評価・評判を聞いた時」には、同僚からのほうが顧客を大きく上回っています。上司に次いで同僚からの感謝・称賛の重要性も明らかにされました。

　さて、それだけ重要な上司からの称賛や評価ですが、その実態はどうなっているのでしょうか。実際、直属の上司からされる仕事についてのフィードバックや、目標・評価等への満足度について尋ねたところ、「満足していない」人が過半数となっていました。この結果は上司からフィードバックや評価を受ける頻度が低いことも示しているのではないでしょうか。それでは、上司からのこうした重要性と実態との乖離を少しでも埋めていく、つまり部下の働きがい、エンゲージメントを高めるために、管理職に役割を果たしてもらうにはどのようにしたら良いのでしょうか。

　管理職（上司）が部下のエンゲージメント向上に重要な役割を果たすという観点から、研修によって短期間でエンゲージメントの向上につなげた㈱小松製作所の事例が参考になります（Six Seconds, 2013）。同社では、直属上司が社員のエンゲージメントに最も影響を及ぼすという観点から、まずは管理職が部下のエンゲージメントを高める方法を知る必要があると考えました。そして管理職層に、部下からの信頼、モチベーション、変化、チームワーク、権限委譲を効果的に高めるための研修を実施したそうです。その結果、同社独自のコマツウェイという経営理念の浸透も背景に、エンゲージメントが高い社員の比率が半年で33%から70%へ向上しました。ここまで

短期間で向上した例は少ないと考えられます。また同時に、工場全体のパフォーマンスも1割近く向上しました。褒め方研修[27]に見られるように、管理職研修等の能力開発を活用することは一つの手段だと考えられます。

さて学生のときは、勉強や試験の成績等を通した競争やその結果による称賛などが当たり前に行われてきたと思います。しかし、成人になるにつれ、褒められる機会、感謝される機会は減少するというのが実態ではないでしょうか。また、ミレニアル世代と呼ばれる現在の20代以下の若者は、相対評価から絶対評価への移行等によりその競争自体が減り、学生時代の称賛機会も失われつつあります。さらに近年は、デジタル化が進み、対面のコミュニケーション自体が減ってきました。それにより、職場で交わされる感謝も相対的に減ってきています。このような背景もあり、以下のような働きがい、エンゲージメントを高めるための施策を意識的に実施する必要があります。

それでは、職場で称賛や感謝を促進する取組み、すなわちレコグニション・マネジメントとして導入可能な二つの施策を見ていきましょう。

3　表彰制度

以前から多くの企業で普及しており、企業が褒めるべき社員の行動や功績等を規定し、それを行った社員を褒め称える制度です。労働基準法第89条により就業規則に定める必要はありますが、表彰に値する業務や活動に定義はなく、企業が自由に定めることが可能です。第5章の業績評価制度との違いは、表彰制度は、業務の内容に限らない幅広い貢献を対象としており、表彰の単位も、個人、部署、グループ等様々である点が挙げられます。また表彰の結果は公表され、企業全体で共有するのが一般的です。文部科学省(2009)[28]によると、表彰制度を導入している企業は6割近くに上っています。社員の働きがいやエンゲージメントとの関係でいえば、結果だけではなく、努力しているプロセスにも注目し表彰することで、納得しやすい評価につながる可能性があります。それによって、優秀人材の流出を防ぐ可能性、

---

[27] これについては、第8章リテンション・マネジメントにおける管理職の役割でも触れます。

[28] これ以降、表彰制度の実施に関する全国的な調査データは見当たりません。その重要性から考えても、今後制度の実施等に関する調査データの整備・充実が求められます。

すなわちリテンションへの効果も期待できるからです。

　表彰制度の中で、最も代表的なものが永年勤続表彰です。10年、20年、30年等の区分で勤続年数が長い社員を称えるものです。この施策のメリットは、誰にでも受賞する機会があるということです。さらに、長期間組織で働いていることによる組織への貢献を評価することで、長年の勤続への感謝と今後も同様に勤めてもらいたいという組織の意図をわかりやすく伝える制度だといえます。つまり、永年勤続表彰は働きがいだけでなく、社員のリテンションを直接促進する可能性がある制度です。その他、表彰制度では、高い営業成績を挙げた社員や新規事業の推進に貢献した社員など様々な基準で表彰することが可能です。また、年度でもっとも活躍した新入社員を表彰するなど、対象を絞って行う例も見られます。

　いずれにしても、表彰制度の設計で重要なポイントは、全社員が公平に受けられるようなものにすることです。広く業績に関するもので、契約件数などが一定数に達成した場合等、客観的で明確な基準が望ましいといえます。基準が明確であるほど、それに向けた努力を喚起しやすいからです。当然ながら部門間のバランスを考え、「今年度の表彰者や表彰者が属する部署からは来年度は基準を達成しても対象としない」等の悪しき慣例は避けるべきです。

　表彰制度の事例として、例えば、（株）オリエンタルランドの「ファイブスター・プログラム」は有名です（OLC GROUP, 2024）。この制度の特徴は、表彰基準が明示されているとともに、複数の基準間の優先順位が示されていることです。具体的には、来場者へのおもてなしに対する判断・行動が表彰基準になり、「The Five Keys〜5つの鍵」という、Safety（安全）、Courtesy（礼儀正しさ）、Inclusion（インクルージョン）、Show（ショー）、Efficiency（効率）の順に、基準を満たした社員に上司からファイブスターカードが渡されます。そして、カードを5枚集めた社員は、特別なパーティー「ファイブスターパーティー」に参加できるという制度です。表彰基準が明示されているだけでなく、基準間の優先順位が示されていることで、レコグニションの対象や意図が明確である点が評価されます。

4 「ピア・ボーナス」、「サンクスカード」

前項の「3 表彰制度」は、基準も含め組織が設定し、表彰者は上司等からの評価で決まることが多いのに対し、ピア・ボーナスやサンクスカードは、社員間の自発的なやり取りによって称賛や感謝を促進する取組みです。そのため、詳細な表彰規程を作る必要はなくなります。実際、管理職は多くの職務で多忙であり、職場の多様化も進行している中、全てを上司が把握し、対応することはできないという事情は多くの組織で共通しているのではないでしょうか。

「サンクスカード」とは、社員同士に日々の感謝の気持ちを紙やデジタルのカードに記して互いに送り合う制度です。また、「ピアボーナス」とは英語の peer（同僚・仲間）と bonus（賞与・報酬）を組み合わせたツールです。「サンクスカード」の機能をデジタルに移行し、報酬を贈り合う機能を拡張したものといえます。アメリカのグーグル社が当初社員の評価指標として導入したもので、従来の給与制度でカバーできない日々の貢献に支払われる「第3の給与」とも呼ばれました。具体的には、スマートフォンアプリや社内のチャットツールから、社員同士が日々の仕事における行動や結果を評価し、お互いに報酬を贈り合うものです。例えば、月ごとなど一定のタイミングで取得ポイントを社内で公表したり、少額のボーナス、社内の福祉サービスや SDGs のポイントへ換算したりします。実際、導入している企業の社員の方から以下のような声を聞くことができました（山本，2019）。

> 「ピアボーナスも重要です。1人の上長に、7〜10人以上の部下がいるとすれば、普段の仕事はほぼ把握できない。上長じゃなくて、他の人に見てもらえることで上司のコミュニケーション不足も補えます」

「ピアボーナス」の働きがい向上につながるメリットとして、以下の点が考えられます。

第1が、前述した社会的交換理論の観点です。同僚からコインをもらうことが自分からコインを提供したいと思うことにつながることです。それが度重なり、相手が増えることで、職場や組織への魅力につながる可能性が高まります。

第7章　リテンション・マネジメントにおける働きがいやエンゲージメントの重要性

第2が、「自分が評価する側にまわる」経験を持てることです。この経験は働きがい向上につながります。

第3が、日々の職場における助け合いや役立つ行動が対象になることが多く、誰かがやらねばならない仕事であまり報われなかった仕事、いわゆる「縁の下の力持ち」的行動が評価されるようになることです。例えば、部署内のコピー機のトナーの交換を特定社員の仕事ではないにもかかわらず自主的に行う、新入社員のお世話係（OJTリーダー）ではないのに、気軽に声をかける等の行動です。これらは、社員が行う自主的な行動、つまり自分の職務ではないけれども行うことで組織にポジティブな影響を与える「組織市民行動」と呼ばれるものです。職場で、組織市民行動が頻繁に見られるようになると、同僚や管理職の生産性が向上する、同僚同士の調整活動を助ける、人脈の構築につながる等のメリットの他に、優秀な社員の定着を促進するというリテンション向上効果も指摘されています。

第4が、「ピアボーナス」が普及すると、社員がお互いの仕事に関心を持つようになり、他部署の仕事が自分の仕事とどうつながるのか、自分の仕事をどうバックアップしてくれているのかを知る機会を創り出す効果もあります。その結果、部署間の縦割りを防ぎやすく、若手社員の育成やクロスファンクショナルチーム[29]を作りやすくなることにつながる可能性もあります。これらも、社員の働きがいの向上に寄与するといえます。

第5が、経営理念の浸透に資する可能性があることです。「ピアボーナス」を贈ったタイミング、贈られたタイミングで部署や役職を超えたコミュニケーションが発生するとともに、他の同僚もそのやり取りを確認することができます。そのため、経営陣が社員に浸透させたい経営理念がある場合、それに則った行動をとった社員を意識的に褒めることで、社員に理念を浸透させていくことも可能になります。

第6が、職場の人間関係の客観的データ指標になることです。あくまでも量的な指標ではありますが、やり取りの増加はコミュニケーションの活性化の一指標と考えられます。

第7が、デジタルネイティブの若手社員が受け入れやすい、また慣れ親

---

[29] 全社的な課題に対し、部署や役職を問わず、必要な人材が集められて結集するチームです。常設される場合と、一時的なプロジェクトとして期間限定で招集される場合があります。

167

しんでいるタイムライン形式で表示されることです。振り返りが容易で、評価の言葉を文字として視覚的に見られることで、記憶に留まりやすくなります。結果として、仕事上、辛いことがあったときも、褒められたことを簡単に振り返れることは、モチベーションや働きがいの向上につながります。

しかし、「ピアボーナス」にも、以下のような改善すべき点があります。

第1が、贈り合うことを負担に感じる社員も一定数いることが想定できるため、強制はしないほうが良いことです。

第2が、積み重ねは必要ですが、続けていると「飽き」が来ることがあります。つまり、同様のやり取りの繰り返しに工夫が見られないと、メリットで挙げた目的を達成できないことになります。それが質の低下につながらないようにする必要があります。今後は、音声、動画その他マルチメディア化も必要ではないかと考えられます。

第3が、ある程度コストがかかることです。企業が負担するコストがある分、効果について社員に十分説明する必要があります。

最後に、称賛や感謝を促進する施策やツールだけではありませんが、導入前後で留意すべき点に触れたいと思います。まず導入前には、導入目標を明確にする、対象範囲を明確にする、基準や方法を決めることが必要です。導入後には、アンケートや利用状況調査によって効果を確認する、社員の視点で評価し、それぞれの職場に即した使いやすいものにしていくために常に見直す必要があるということです。研修と同じく、レディメードではなく内製化を図っていくことが重要です。例えば、「ピアボーナス」で贈るコインの贈り方研修を実施する、飽きが来ないようにコインの名称を工夫し変えていく等が実例として見られます。

ピアボーナスもサンクスカードもともに、組織内のコミュニケーションを活性化させるとともに、お互いを褒め合うような「褒め合う文化」「称賛文化」を職場に根づかせる機能があります。第4章でも触れましたが、組織文化は構成員（特に上司）が替わることで変化しやすいとすれば、仕組みとして変化しないような装置としてピアボーナス等を取り入れることも一つの考え方だといえます。

5　働きやすさの促進による働きがいの向上

　前述したように、働きやすさの促進は働きがいの向上につながる可能性があります。そのためには、勤務時間短縮や休暇を取りやすくする働き方改革をより進めていくことが重要です。例えば、有給休暇の取得促進、取得しやすくするための有給の時間単位の付与、（非正規社員における）シフトの柔軟化等です。基本的に働きがいは集中して働いている時に感じるというよりは、働いた後に振り返って感じることも多いものです。つまり、働きがいを感じる時間として「off」の時間帯が重要といえるため、on と off の切り替えが必要になります。off を自分の都合で決められればより効果的といえます。一律に「ノー残業 day」を水曜日等に設けるより、（困難ではありますが）できるだけ本人の希望に沿った時期・時間帯に off が取れることが望ましいといえます。実際ある調査では、働き方改革で多くの働く人が望む点として「休日・休暇取得ルール改善」が挙げられています（ビッグローブ, 2018）。これらの点から、（望む時期の）有給の連続取得が容易でない実態が浮き彫りになっています。こうした点から、勤務間インターバル規制[30]も検討の余地ありといえます。

6　仕事で使うスキルの見える化による働きがいの向上

　仕事で使うスキルの見える化とは、新入社員や異動してきた社員が新たに習得した職務要素やスキルを職場で表示して同僚から見えるようにすることです。製造業等で多く行われています。壁に図表化したものを掲示したり、イントラネット上で表示したりします。さらに、社員一人ひとりの現在の業務内容に関するスキルレベルを表示した「スキルマップ」を作成することも同様の効果があります。これらによって、自分のスキルの向上度が明らかになるからです。計画的な人材育成や昇進・昇格等の人事考課などの目的とともに、周囲に自分のスキルレベルが知られることで励みにもなり、評価にもつながることで、働きがいの向上に役立つのです。

---

[30] 勤務終了後、翌日の出社までの間に、一定時間以上の休息時間（インターバル）の付与を義務づけることで、社員の生活時間や睡眠時間を確保する制度です。

第8章

リテンション・マネジメントにおける管理職の役割

1 リテンション・マネジメントにおける管理職の役割

　管理職のリーダーシップが職場や組織の業績に影響することはよく指摘されています。社員の日常の業務遂行においても、業務指導、評価などの面で直属上司の存在は大きいものがあります。組織全体で人的資源管理を行う場合も同様です。前述したように管理職は、人事部等の専門部門、代表取締役等の経営トップ、労働組合の代表者と並んで、組織の人的資源管理の重要な主体、実行者と考えられています（森, 1989）。また、管理職は、人と組織を結びつける機能を持っています（連結ピン：Likert, 1961）。

　図表8-1に見られるように、組織内の各部署を示す三角形の頂点に位置する管理職（部長・課長等）は、組織全体の経営理念や方針を部下に浸透させる「連結ピン」の役割を担っています。つまり、管理職には経営層から提示された理念や方針、人事部門の策定する施策を、部下が理解しやすい言葉に翻訳して、日常の行動につながるよう浸透させるという機能があります。言い換えると、組織からのメッセージである施策が部下にどのように受け止められるかに関わり、ポジティブな受容を促進するという機能でもあります。

■図表8-1　連結ピンとしての管理職の機能

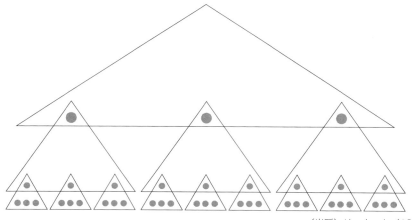

（出所）リッカート（1964）

リテンション・マネジメントでも同様です。経営層がリテンションに結びつくような理念を提唱し、人事部が有効と考えられる施策を策定・導入するだけではなく、それらの効果をさらに高めるためには、管理職の役割が重要です。特に、多くの企業でリテンション・マネジメントの主要な対象である若手社員は、社歴の短さ等から経営トップの方針を日常の仕事レベルに落として活用していくことは簡単ではありません。例えばある企業では、育児休暇後等の社員の退職をできるだけ減らすために短時間正社員制度を導入し、制度を普及させるに当たって、以下のような配慮をしたそうです（山本，2019）。

> 「制度運用には、現場の理解が不可欠と考え、従業員への伝え方に配慮した。離職時の第1の相談役となる店長に概要や目的を説明。さらに現場で社員に伝える際には、ネガティブな説明の仕方ではなく、「もし」という言葉を投げかけながら選択肢の一つとして（短時間正社員制度を）検討してもらうよう伝えた。特に社員が辞めなくても済むよう、社員のための制度として会社がつくったことを強調してもらうようにした」

リテンションのために行う施策について、その意図を含めてわかりやすく伝えようとする中で、特に離職時の相談役となることもある店長にまずはわかってもらうことに主眼を置き、伝え方にまで留意した効果的な事例といえるでしょう。しかし、当然のことながら、「連結ピン」の機能をどの程度果たせるかは管理職によって異なります。また、その機能を高めていくことは一朝一夕ではできないでしょう。そこには、日常的な部下一人ひとりとの関係性、そしてそれにきめ細かに配慮するコミュニケーション能力の高さが求められるのです。

2 組織内のコミュニケーションにおける管理職の重要性

　さて、管理職は、組織レベルでのコミュニケーション（コーポレート・コミュニケーション[31]）、特に、社員に向けた情報提供を意味するインターナルコミュニケーション上で重要な位置を占めています。経営トップ以上に管理職は日常的に部下と接する存在だからです。近年IT化の進展によって、組織内での意思決定におけるメールやチャット等の使用頻度や適用範囲はますます広がってきました。つまり、ワンクリックで経営トップが全社員にメッセージを伝え、同時に全社員が経営トップに意思表示をすることも可能になってきました。一見、組織の意思決定において上位者のメッセージを伝える中間管理職の役割は、低下しているようにも見えます。

　しかし前述したように、管理職には経営トップのビジョンをわかりやすくブレークダウンして部下に伝えるという重要な役割が求められているのです。人的資源管理施策についても同様です。つまり、上司のコミュニケーションを中心としたリーダーシップは職場レベルでの社員のリテンションに大きく影響する要因と考えられます。いくつかの調査結果を見ても、多くの組織で、社員のリテンションについての基本的責任は人的資源管理部門より、直属上司にあるとしています（Society for Human Resource Management, 2006）。

　そこで、組織文化（風土）に見られるのと同様に、組織全体の施策の実施によるリテンションへの効果は、上司によって大きく異なることが想定されるのです。

---

[31] 株主・顧客・取引先・従業員等企業のステークホルダー（利害関係者）に対する企業からの情報発信や情報の提供を意味します。

174

3 部下との関係の質を高めるには

　それでは、管理職のコミュニケーションを中心としたリーダーシップは、部下のリテンションにどのように影響しているのでしょうか。まず、これまで管理職に求められてきたものを考えていきましょう。これを部下一人ひとりに対するマネジメントの面から見ると、相手に合わせた励まし、教育指導、部下の状態を見ながらの権限委譲の3つが挙げられます。これらはコミュニケーションによって部下にポジティブな影響を与えることが目的となっています。それでは、世代も価値観も異なる部下とのコミュニケーションを活性化させるポイントにはどのようなものがあるでしょうか。

　そのメカニズムに関係する考え方の一つが「リーダー・メンバー交換関係の質」（LMX: Leader-Member-Exchange）と呼ばれるものです。これは、上司と部下との人間関係について前述した社会的交換理論の観点に立っています。上司と部下との交換関係では、リーダーである上司はフォロワーである部下に昇給、昇進、称賛などの報酬を与えます。それに対して、部下は労力というコストを払いながら、上司の業務命令を遂行することになります。一般に、多くの若手は年長者や社歴の長い社員に壁を感じ、自分からコミュニケーションをとろうとはしない傾向があるため、上司のほうから能動的に働きかける必要があります。その中で管理職としてすぐに与えられる報酬は、部下を褒める、感謝することでしょう。そして、ここがポイントですが、こうした関係は、全ての部下との間で同じではなく、両者間の関係の質（の高低）によって、部下一人ひとりと個別に形成されると考えます。

　関係の質とは何でしょうか。リーダー・メンバー交換関係の観点では、一般に仕事上の場面に限定されるような儀礼的な会話（挨拶等）を中心とした表面的な関係から、仕事以外のプライベートな交流を含むような頻繁で密接な関係になるにつれ、質は高くなると考えます。さらに、上司が部下の態度や能力を観察し、その部下が有能だと判断すると、上司は彼（女）と頻繁に交流し、重要な仕事を任せ、権限委譲を行うなど関係の質を高める行動をとることになります。

（特に、優秀人材に対する）リテンション・マネジメントの観点から見ると、以下のプロセスが考えられます。部下が仕事を覚え、上司の業務命令や期待に適った仕事ぶりや成果を挙げられたとします。そうすると、上司はより困難で高い専門性を要しますが組織や部署にとってより重要で業績に大きく寄与するような仕事を任せることになります。さらに、その仕事で部下が成果を挙げられれば、彼（女）の評価を高めることを通して、昇給や昇進、称賛等の報酬を与えることになります。部下の心理的な側面から見ると、以上の過程で、部下は成長実感やエンゲージメントが高まることが十分想定されます。その結果、そうした成長できる環境が提供される組織でさらに活躍したいと思い、定着意思が高まり、リテンションにつながるのです。

　実際、リーダー・メンバー交換関係とリテンションとの関係についての調査結果を見ても、多くの調査で、関係の質が高いことにリテンション効果があることが示されてきました（山本，2009a）。すなわち、交換関係の質が高いことは、退職意思が低いことや退職行動をとらないこと（定着すること）に寄与していました。さらに、質の高さは他のリーダーシップに関する指標よりもリテンションを高める効果が見られ、また職務満足感など他の職務態度に対するより、リテンションの向上効果のほうが高いという結果が見られました。

　ただし、交換関係の質の高さのリテンション効果には就業形態による差があるかもしれません。正規社員と非正規社員とを比較した調査では、正規社員においては、交換関係の質の高さが退職意思の低さに寄与していましたが、非正規社員では寄与していませんでした（山本，2009a）。一般に、勤続年数に差がある正規社員と非正規社員とでは状況が異なることが考えられます。非正規社員の場合、同様の立場にある社員（同じ非正規社員）との関係を調査する必要があるでしょう。

　ただし、若手社員との交換関係の質を高めていく場合、彼（女）が優秀であればあるほど、徐々に行うなどの慎重さが必要です。聞き取りの中でも、1年目から期待以上の仕事ぶりと成果を挙げていた優秀な新人に対し、質量とも過大な仕事を短期間に任せたため、「つぶれた」という事例を多く耳にしました。若手社員は、年長の社員が多く同年配が少ない職場の場合、職場の同僚には相談しづらいものです。特に、社会人としての経験が少ない若手社員の場合、権限委譲は徐々に行い、上司からはいつでも相談に乗るこ

とを伝える必要があるでしょう。また、新人が配属された際、年齢の近い OJT リーダーを設置していないような場合では、同様に新人からコミュニケーションがとりにくいことがあります。その場合には、より年齢の近い先輩社員に管理職の「片腕」的な存在として若手社員とのコミュニケーションを図ってもらう必要があるでしょう。管理職はその先輩社員とコンタクトをとることで、間接的に年齢の離れた若手社員の動向をウォッチすることが可能になります。

　以上のためにも求められるのが、「心理的安全性」です。心理的安全性とは、「関連のある考えや感情について人々が気兼ねなく発言できる雰囲気」（Edmondson, 2012）を指し、チームなどでリスクのある行動をとっても安全であるというメンバーに共有されている考えを指します。他のメンバーから自分が発言することを拒絶され、罰を与えられないという確信を持っている状態を指すため、「地雷を踏むような発言」を仮にしても許されるような環境ともいえます。連鎖退職の起こるような組織では、これが阻害されている可能性が大きいといえます。

　部署において心理的安全性をいかに高めるかにおいても管理職の役割は大きいといえます。心理的安全性が高いことで、立場が弱い人でも、対人リスクが低下することで発言しやすくなるという効果も見られるため、職場に慣れていない若手社員が気兼ねなく発言したり、相談する場合、必要な条件といえます。さらに、心理的安全性を高める要因についての研究の結果、仕事の裁量が大きくやるべきことが明確であること、組織全体として社員を支援する風土があることと並び、リーダーとの良好な関係性が明らかにされています（Frazier et al., 2017）。すなわち、若手の部下が発言しやすい環境を整える際、管理職の役割は重要だといえます。

4 管理職が承認すべき部下の取組みとは

　働きがいを向上させ、リテンションを促進する管理職の役割についてさらに見ていきましょう。前述したように、組織や管理職が社員・部下の取組みを承認することや、そのための施策をレコグニション（承認）・マネジメントと言います。それでは、現場で行われる具体的な承認にはどのようなものがあるのでしょうか。職場での承認には、存在承認、行動承認、結果承認の3種類があります（リスキル，2019）

　第1の存在承認とは、行動や成果に関わりなく、まず「あなたと一緒に働けてうれしい」と相手の存在を認めることです。部下が出社してきたときに管理職のほうから相手の目を見て挨拶する等が含まれます。コロナ禍の影響で就活も研修もオンラインが多かった新入社員や、テレワークが続いた後久しぶりに出勤してきた部下に対するコミュニケーションとしては効果的だと考えられます。

　第2の行動承認は、部下の行動に注目して、「助かった」「役に立った」と認めてあげることです。行動とは成果に至るプロセスであり、成果にすぐに結びつかなくても同僚の模範になる場合、積極的に承認することです。「いつも○○してくれて助かっているよ」と具体的な行動を認めるものです。現代はVUCA時代（VUCA：Volatility（変動性）、Uncertainty（不確実性）、Complexity（複雑性）、Ambiguity（曖昧性）の頭文字をとった造語）と言われ、先行きが不透明で、将来予測が困難な時代と言われています。そうした中、最も求められるのは行動承認ではないでしょうか。なぜなら、先行きが不透明で成果が確実に挙がるかどうかわからない中で、新たなビジネスモデルやチャンスを発見していく行動こそ必要だからです。特に、自発的行動で、組織の新製品、新生産方式の開発や新規市場の開拓等、経営革新の推進に寄与するような「経営革新促進行動」や、将来を見越して変化をもたらす目的で主体的に起こすような「プロアクティブ（先取志向）行動」等が注目されています。これらを積極的に承認する必要があるのです。

　第3の結果承認は、部下が出した成果・結果を「素晴らしい」「よくやっ

た」と認めることです。目標の達成、売上の向上など、わかりやすく、成果が目に見えることが多いので、ほとんどの管理職が意識せずこれまでも実行できている可能性がある承認です。

　以上から、現代多くの組織で最も重視すべきは行動承認であり、テレワーク勤務と対面勤務の切り替え時等には存在承認を意識的に行う必要があるでしょう。

5 管理職の役割を強化するためには

　リテンション・マネジメントの担い手としての管理職の役割を強化させる場合、最も効果的なのは、現在あまりにも多忙な管理職としての業務負担を減らしていくことかもしれません。現在、管理職が抱える仕事は、目標管理に関する面談・評価業務や働き方改革に対応した部署の残業時間削減等々、増える一方です。例えば、IT を活用して仕事を減らしていくことで、少しでも余裕を持ってもらう必要があります。多少とも余裕ができた場合、まずやってもらいたいのは所管する課や部の全体把握です。将来的にどのような課や部にしていくのかというビジョンを考えるとともに、そのために一人ひとりの部下がその能力を十分に発揮して業績を挙げてもらうための戦略を練ることです。

　そのように常に戦略を練っておくことで、1 on 1 ミーティング等の具体的な施策をどう活用していくか、1 人退職者が出た場合への早めの対応が可能になります。

6 1 on 1 ミーティングの活用と褒め方研修

　最後に、現在組織で実施されている施策の観点から管理職の役割を見ていきたいと思います。部下とのコミュニケーションという観点からも有効な施策として、上司と部下との定期面談（1 on 1 ミーティング）が近年多くの組織で行われるようになってきました（厚生労働省，2024a）。これまで行われてきた相手に合わせた励まし等の3つの管理職の関わりもその場で可能になります。実際、人事系業務を担当している人に尋ねた調査によると、7割近くの企業が施策として導入しています（リクルートマネジメントソリューションズ，2022b）。そして、1 on 1 ミーティングを実施することで期待した成果を挙げているかを尋ねた調査結果からも、7割以上が「上げている」または「どちらかといえば上げている」と答えていました（HR ビジョン，2022）。1 on 1 ミーティングは広く普及してきただけではなく、それなりに成果も挙げてきたことがわかります。

　面談を効果的に行うには、第1に、管理職は部下の話を聴くことに徹すべきで、仮に沈黙が続いたとしてもそれに耐える必要があります。第2に、話す内容がないからといって、「1週間前に依頼した仕事はどうなった」等、仕事の進捗に関する話ばかりでは、エンゲージメントにプラスになりませんし、部下が自分のキャリアに関する相談をしようと思ってもそれを遮ることになりかねません。第3に、仕事の結果だけでなく、テレワーク等では見えにくい「頑張り」すなわちプロセスや行動への評価を意識的に行う必要があります。第4に、次回のアジェンダ（話題・テーマ）を決めることです。部下が少しでもそれを意識することで、次回の面談への継続性や、レディネス（準備）を期待することができます。第5に、面談内容を人事評価に紐づけないことです。

　効果的な1 on 1 ミーティングが実施されるためには、マニュアルや手引きを作成することや、定期面談の研修を管理職に実施する必要もあるといえます。実際、社員への聞き取りからも以下のような声が聞かれました（山本，2019）。

> 「賞与の評価面談以外の上司との面談は重要ですね。『こういう仕事が君には合っていると思うけど、実際はどうなの？』といった上司の話に、自分も考えて意見を言う。そんな発言の場が最近になってできて良かったです」

　また、第7章で触れたように、部下のエンゲージメントを高めるには、上司からの称賛や評価が重要です。その観点からの管理職の資質向上施策として、褒め方研修も注目されます。これは、適切に褒められる状況では人はどのように心が動くかをロールプレイングで体感し、部下のエンゲージメントを高める方法を習得するものです。育成の観点から部下に次の新たな行動につなげてもらうには、何が良かったから褒められたのかが具体的にわかることが重要です。行動に注目することで、良かったことをその場で伝えられ、その良さを伸ばしやすくなります。

第9章

人的資本経営とリテンション・マネジメント

本章では、近年大企業を中心に公開が義務づけられてきた人的資本情報および、それらに基づく人的資本経営とリテンション・マネジメントとの関係について検討していきます。

1　人的資本経営とは何か

　近年、人的資本経営について、政府や市場関係者を含みグローバルに関心が高まってきました。人的資本経営は、企業の情報開示と密接に関連し、外部評価に直結することから、経営のあり方に大きな変革を迫っています。さらに、これはリテンション・マネジメントと深い関係があるのです。まずは、人的資本経営の基本となる人的資本に関する情報の開示が大企業を皮切りに義務化されてきました。

　それでは、「人的資本」とは、何でしょうか。これは、仕事をする上で必要となるスキル、知識等の総称であり、「雇用主に対し自身の価値を高めるような専門的な価値の蓄積」を意味しています。つまり、組織で評価されるような専門性の高い知識やスキル等を示します。

　そして、現在求められている人的資本経営とは、社員を「資本」ととらえ、それに投資し、生産性を高め、持っている価値を最大限引き出すことで、中長期的な企業価値の向上につなげるような経営のあり方を示します（経済産業省，2022）。そこで、人的資本に関する情報を開示するだけでなく、その価値を高めることが重要になります。人的資本に投資する、例えば社員の専門性を高めるような研修を実施することで、社員が自己実現や成長を目指せる環境が整います。それだけではなく、長く勤め続け、組織との一体感を持てる可能性が高まります。つまり、リテンションを向上させるのです。

　人的資本経営の前提または一丁目一番地である人的資本情報の開示およびその改善を積極的に行うメリットは2つあります。第1が、自社の人事戦略が明確化されることです。情報開示に向けた過程で、社員の人的資本が企

業の業績や成長にどの程度寄与しているか客観的に把握できます。同時に自社の人的な面での強みや弱みが可視化され、他社との比較が可能になるため、他社との競争優位の確立につながります。

　第2のメリットは、投資家等のステークホルダー（利害関係者）に自社の人事戦略への理解を深めてもらえることです。自社の経営戦略との連動を図る過程で、経営戦略に適合した社員像が明確化されます。さらに、現状と目指すべき姿のギャップを定量的に把握する中で、求める人材を獲得・育成する施策の実施、成果を明示する指標や目標の設定が行われ、その結果として企業価値の向上が見込めます。

　それでは、開示を求められている人的資本に関する情報とはどのようなものでしょうか。人的資本経営への関心の高まりに伴い、情報開示ガイドラインである ISO30414 が公開されています（**図表 9-1**）。これらをいかに開示していくかが人的資本経営の出発点になります。そして、この中には下線に見るようにリテンションに関する指標が多く含まれていることがわかります。

■図表 9-1　ISO30414（下線はリテンションに関係）

人的資本エリア	概　要
1. コンプライアンスと倫理	苦情件数等、社内の規範に対するコンプライアンスの指標
2. <u>コスト（人件費）</u>	**採用・雇用・離職等労働力のコストに関する指標**
3. ダイバーシティ	性別、年齢、障害の有無等労働力の特徴を示す指標
4. リーダーシップ	従業員の管理職への信頼度等の指標
5. <u>組織文化（企業文化）</u>	エンゲージメント等従業員意識や**定着率の指標**
6. 健康・安全（健康経営）	安全性、労災件数、幸福感等に関連する指標
7. 生産性	一人当たり利益等人的資本の業績への貢献を示す指標
8. <u>採用・異動・離職</u>	候補者数、<u>離職率</u>等適切な人的資本を提供している指標
9. スキルと能力	研修費用、工数等個々の人的資本の質と内容を示す指標
10. 後継者（育成）計画	対象職位にどの程度候補者が育成されているか示す指標
11. 労働力（の確保）	従業員数、欠勤率等の指標

（出所）Wong et al.（2019）

以上で示したように、人的資本経営において、リテンションに関する指標（定着率等）は明確で指標化しやすいこともあり、多くの企業で導入されています。人的資本経営を推進していく際、リテンションのためのマネジメントと連動を図りやすい条件が揃っているのです。

　また経済産業省（2022）では、企業が人的資本経営を行う際の視点として、①経営戦略と人事戦略の連動、②現状と目指すべき姿のギャップの定量把握、③人材戦略の実行プロセスを通じた企業文化への定着という3つを挙げています。例えば①は、前述した戦略的人的資源管理の考え方そのものであり、リテンションにつながると考えられます。また、③は第4章で触れた人的資源管理施策を通した組織文化の変容と共通しており、同じくリテンションに関係します。

　それでは、より人的資本経営を深掘りするとともに、リテンションとの関係を検討していきましょう。

2 効果的なリテンション・マネジメントのための人材ポートフォリオとは

　経済産業省（2022）では、人的資本経営を行う際の共通要素として、a.動的な人材ポートフォリオ、b.知・経験のダイバーシティ＆インクルージョン、c.リスキル・学び直し、d.従業員エンゲージメント、e.時間や場所にとらわれない働き方の5つを挙げています。

　それでは、その中でも重要な「動的な人材ポートフォリオ」について深掘りしてリテンションとの関係を見ていきましょう。人材ポートフォリオとは、企業内で望ましい配置や人材開発を行うため、人材のタイプや将来のキャリア志向等の情報から、社員を分類し、可視化したものです。さらに、「動的」ということで、組織や人事を巡る環境変化によって柔軟に変更するという意味を含んでいます。有効な人材ポートフォリオを構築できれば、社内のどこに、どのような人材が、何人くらい在籍しているか等の情報を分析できます。結果として、適正配置や社員一人ひとりに合ったキャリア形成の

支援が可能になります。さらに、社員の人数や人件費の過不足状況を把握できることから採用やリテンションの必要度が明確になります。

それでは、効果的なリテンション・マネジメントのために構築した、昇進可能性と職務業績という2軸による人材ポートフォリオの例を示します（**図表9-2**）。ここでは、職務業績の高低を「業務目標の達成率70％以上／未満」で、将来の昇進可能性の高低を「現職位在任年数5年未満／5年以上[32]」で測定し、社員を4象限に配置しました。これによってリテンション・マネジメントの対象が見出されます。それは、業績の高さから組織にとって重要な対象でありながら、昇進可能性が低いことで他社への転職の可能性の高い「高業績昇進可能性低群」です。場合によっては、この群の社員に対して、選抜的リテンション・マネジメントの施策を実施する必要があります。

そのほかにも、組織業績と在籍年数、組織志向／個人志向と創造志向／運用志向（守島，2000）等、スキルや価値観等も含め、様々な軸による人材ポートフォリオの構築が試みられています。企業ごとの課題や特性に合ったリテンション・マネジメントに活かせるような人材ポートフォリオの構築が望まれます。

■図表9-2　リテンションを視野に入れた昇進可能性と職務業績による人材ポートフォリオ

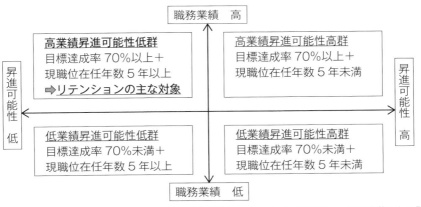

（出所）Ference et al.（1977） p.603を修正して引用

---

[32] 多くの組織で導入されている定年を前提とすると、現職位の在任年数が長いということはキャリアのプラトー化（停滞）を示し、将来の昇進可能性が低いことを意味します。

3 後継者の育成（計画）

　人的資本経営の中で実施率の低い施策に後継者の育成計画（サクセッション・プラン）があります。経営者を例にとって考えてみましょう。後継者育成を行わずに経営者が退任すると、一般的にいう会社の求心力が低下することが予想されます。求心力とは、社員の心をひきつける力とも言い換えられ、学術的には「集団凝集性」を意味します。これは、集団に所属する人を引きつけ、その集団の一員であり続けるように動機づける程度を示します。集団凝集性の高さには、集団の優れた目標などのほかに構成員の魅力が影響します。企業等の組織でいえば経営トップが重要な構成員になるでしょう。例えば、「あの社長がいるからこの会社で働いている」と考える人が多い場合、その会社の凝集性は高いといえます。このような点から、経営者の交代は組織に大きな影響を与えます。第11章で後述する連鎖退職の原因にもなり得ます。後継者育成は、多くの社員が適任と考えるような次の後継者候補をあらかじめ決め、そのための職務経験、研修を含む育成を計画的に行う必要があります。それによって、社員の求心力の低下を防ぐだけでなく、リテンションの向上につながる効果も期待できます。

4 人的資本経営の観点から中小企業に求められる対応とは

　人的資本経営への注目度が高いのは、情報の開示が義務化された大企業中心であることは否めませんが、今後は中小企業でも対応が迫られる可能性があります。特に対策すべき点として以下が考えられます。

　第1が、優先順位の策定です。大企業と比べ、人的資本に投下できる予算に限界があることを考慮すると、人事戦略に沿って施策の優先順位を決め

る必要があります。例えば、離職者が多いことが大きな課題で人事戦略として社員のリテンションを重視している企業では、その改善のために従業員エンゲージメントの向上を優先する等の施策が考えられます。

第2が、経営者の意欲と行動の重要性です。中小企業では、人的資本経営で求められているCHRO（Chief Human Resource Officer：最高人事責任者）を設置していない企業も多く見られます。CHROは、経営戦略の策定に積極的に参画しながら、人事業務を統括するため、経営戦略と連動する人事戦略を策定する象徴的な存在といえます。そこで、CHROを設置していない場合には、経営トップの意欲と行動が重要です。トップ自身が社員に働きかけ、自社の理念・ビジョンや社員が目指すべき姿を発信し、社員に理解してもらうことが、人的資本経営の推進につながるからです。

5 リテンションとの関連から見た人的資本経営に関する企業事例

それでは以上を踏まえて、人的資本経営の実際の事例を、リテンションとの関連を踏まえて見ていきましょう。例えば、経済産業省（2022）で取り上げられている三井化学株式会社では、前述した人的資本経営の一丁目一番地（視点1）ともいえる経営計画に連動した人材戦略策定を前面に打ち出しています。同時に、経営計画策定を踏まえて、人材に関する優先課題として、「従業員エンゲージメント向上」、また多くのグループ企業を抱えている同社らしく「グループグローバル経営強化」と並び、「人材の獲得・育成・リテンション」を打ち出しています。さらに実行すべき方策として、「育成機会の提供」と並び、「グループ内キャリア機会の開示」や「競争力のある報酬水準の確保」を明示しています。

次に、筆者および筆者の研究グループが聞き取りをした中小企業のリテンション・マネジメントの事例を、人的資本経営の観点から見ていきましょう。

第1が、新入社員研修の充実によってリテンションを図った給食センター

運営会社 V 社の例です（山本，2018）。V 社では研修の改革を行いました。前述した若年者雇用実態調査（厚生労働省，2019）でいうと「教育訓練」の部分です。これは、ISO30414 の「9. スキルと能力」に当たります。V 社の課題は、新入社員（栄養士・調理師）が次々に早期離職することでした。それまで、V 社は新入社員研修を年 1 回入社時だけ行い、その後は保育所、事業所等配属された部署ごとの OJT 中心の能力開発を行っていました。本社主導の集合研修が少なくその後の異動が少ないため、新入社員同士のヨコのつながりが薄いことが課題でした。そのため V 社では、集合研修を毎月 1 回計 12 回行うことにしました。その結果、教育の質向上とともに、人事から見て明らかに新入社員間のネットワークが構築されたそうです。そうした効果もあり、入社 1 年以内の離職 10 数人が、直近 3 年間ではわずか 1 人に減少しました。

　V 社の例は、能力開発の改善による事例であるとともに、それを通したコミュニケーションの活性化がリテンション・マネジメントとして機能した好例といえます。「9. スキルと能力」における研修費用・工数等は数値化しやすく、同時に人的資本の内容と質に直接関わる指標です。その改善が数値化しにくいコミュニケーションの活性化につながり、リテンションに寄与しました。一度に研修の回数を増やすことは困難でも段階的に増やすことで、コミュニケーション活性化と人的資本の価値向上につなげることは他社でも十分可能でしょう。

　第 2 が、人事部が戦略的観点から経営層を巻き込み本気にさせた携帯電話等小売会社 M 社の例です（日本生産性本部，2017：山本，2019）。

　M 社の課題は、男女とも様々な理由から離職が多いことでした。そのため、経営層のリテンションに関する問題意識も従来から高かったといえます。しかし、離職やその理由を分析する部署がなかったことから、どの層の社員がどの時期にどのような理由で離職するか等が指標化されていませんでした。そこで、社内に部署を設置し、全社的に離職を集計・分析した結果、客観的に数値化されました。この取組みは、ISO30414 の「5. 組織文化（企業文化）、8. 採用・異動・離職」の指標の整備に当たります。それにより、経営層の理解が進んだそうです。同社では並行して短時間正社員制度を導入するとともに、経営層が「社員の定着を重視する会社」であることを多くの公式の場で明言するようになりました。その結果、短時間正社員制度が普及

第9章　人的資本経営とリテンション・マネジメント

するとともに、定着率が改善しました。

　M社の例は、数値化しやすい定着率等を詳細に分析し人的資本経営に活かすとともに、　人事部門の問題提起をもとに経営者が前面に出たという役割の強化であり、まさに、経営戦略と人事戦略の連動の好例です。前述したように、中小企業の人的資本経営では経営者の意欲と行動は重要です。この点は業種を超えて応用できるのではないでしょうか。

6　リテンション・マネジメントと人的資本経営への対応を両立させるには

　リテンション・マネジメントは人的資本経営の欠かせない一部です。つまり、人的資本経営に取り組む際には、リテンション・マネジメントの対象を拡大し、より活用していくことが求められます。例えば、非正規社員を含む全社員へ研修等の能力開発をより積極的に導入していくことは、人的資本の価値向上に直結します。またリテンションの改善により、有望な幹部候補が数多く定着することは、人的資本情報として指標化率の低い「後継者育成計画」の策定につながります。その他、人的資本の価値を向上させる施策をより多く取り入れることはリテンション・マネジメントとしても活用できるという点で連動性は高いのです。

　本章で明らかにされたように、中小企業にとって、リテンションに直結するが数値化しにくい課題に、人的資本の価値向上に関連する既存施策を応用することは有益です。また、人的資本経営とリテンション・マネジメントを連動させるには、経営者の力をフルに使ってもらうことが効果的だというのは、経営者の存在の大きい中小企業でこそいえるのです。

191

第 10 章

介護職のリテンション・マネジメント

これまで主に働く人全体の観点から、定着やそのためのマネジメントについて見てきました。しかし、業種や職種によってそれらの様相が異なってくることは十分考えられます。職種を絞ってより細かく検討することで得られるものは大きいと考えられます。そこで本章では、高齢化の進行等によって需要が高まり続けている介護職を対象に、定着やそのためのマネジメントについて検討していきます。

1 介護職の人材不足の状況

　介護職は、高齢者や障害を持つ人々の日常生活をサポートするとともに、彼らのメンタルヘルスや社会的なつながりを維持するためにも不可欠な存在です。実際、介護職は、利用者一人ひとりに合わせたケアプランの作成、身体的なケア、レクリエーションの提供等、多様な役割を担っています。利用者のQOL（生活の質）を高めるとともに、尊厳を守ることなど、介護職は社会において重要な役割を担っている専門職といえます。また、近年AI（人工知能）やロボットが多くの職場に導入されるようになってきたのに伴い、多くの職業が10年後にはAIに置き換わり消滅するとの予測が発表され、話題になりました（Frey & Osborne, 2017）。しかし、社会福祉施設等の介護職員は、コンピュータ化可能確率などから見てもAIやロボットによる代替可能性が低い100種の職業に含まれています（上田，2015）。介護職は今後とも職業としての重要性は高いということが明らかになっています。

　しかし、第1章でも触れたように、構造的な少子高齢化の進行による採用難と人材不足はわが国の広範な業種、職種に広がってきました。高齢化により今後必要性が高まってくる介護職でも同様です。「団塊の世代」と呼ばれる人々が75歳を迎えることで後期高齢者人口が大きく増える2025年問題、さらには、1970年代前半生まれの「団塊ジュニア」世代が高齢者となり高齢者の比率が過去最大の約35％に達する2040年問題など、特に高齢化の進行は様々な形で介護職に影響を与えます。

第 10 章　介護職のリテンション・マネジメント

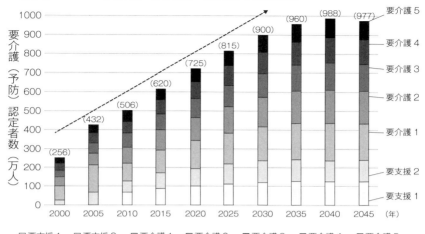

■図表 10-1　要介護（要支援）認定者の将来推計

（出所）経済産業省（2018）　将来の介護需給に対する高齢者ケアシステムに関する研究会報告書

　まず、介護に関するマクロ的な状況を見ていきましょう。介護の対象となる要介護（要支援）認定者数は2040年頃ピークを迎え、1000万人近くに達すると推計されています（経済産業省，2018）。

　その結果、介護需要が大きく膨らみ、介護職への負担が増大します。厚生労働省（2024b）では、2040年度には介護職員が約272万人必要であるのに対し、約57万人不足するという試算がなされ、年々深刻さが増しているのです（**図表 10-2**）。

　さらに、介護職の定着との関係で数字以上に重要になってくるのは、職員の感覚から見た人材不足です。介護労働安定センター（2023）の介護職員の過不足感を尋ねた調査によると、「大いに不足」、「不足」に「やや不足」を加えると、約3分の2の職員が不足と答えており、日常の業務遂行レベルで人材不足感が顕著であることがわかります。

　また、人材不足は職員の意識にも大きな影響を与えています。同調査で、労働条件・仕事の負担についての悩み、不安、不満等を尋ねた結果、「人手が足りない」の比率が最も高く、次いで「仕事内容のわりに賃金が低い」でした。介護職の労働条件に関する悩みとして、賃金よりも人材不足が上回っていることが示されています。

■図表 10-2　介護職員の必要数について

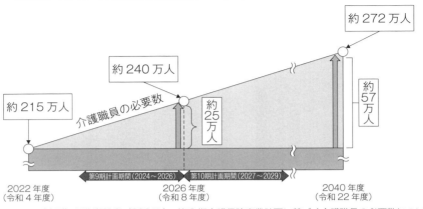

（出所）厚生労働省（2024b）　第9期介護保険事業計画に基づく介護職員の必要数について

　前述したように、質量ともに採用が順調であれば人材不足解消につながる可能性は高いと考えられます。そこで、介護事業所・施設に、採用した正規職員の人数・質の評価を尋ねた結果、質量ともに確保できている事業所・施設は5分の1であり、4分の1の事業所・施設では、質量ともに確保できていないという状況になっています（介護労働安定センター，2020）。

　こうした厳しい採用状況から考えても、介護事業所・施設でも現在勤務している職員の定着が重要であることが理解されます。

2　介護業界における離職率の現状

　それでは、まず介護職の離職の現状について、近年の推移も含め全産業の平均と比較して見てみましょう（**図表 10-3**）。全産業平均よりやや高かった離職率が近年低下傾向にあり、ほぼ大差なくなってきました。これには、各事業所の取組みに加え、「介護職員等特定処遇改善加算」の創設や地域医療介護総合確保基金によるICT（情報通信技術）の導入支援など、国

や地方自治体の政策の効果がある程度見られてきたといえます。

■図表 10-3　全産業平均と比較した介護職員の離職率の推移

	2022 年	2010 年
介護職員	14.4%	17.8%
全産業平均	15.0%	14.5%
差	−0.6%	＋3.3%

１年間の離職率＝１年間の離職者数÷１年前の在籍者数×100

（出所）介護労働安定センター介護労働実態調査：厚生労働省雇用動向調査

　しかし、離職率はやや改善してきたとしても早期離職という問題は残っています。介護職を辞めた人に離職までの期間を尋ねた調査によると、過去10年以内に介護職を辞めた人の３割程度が入社１年未満、６割程度が入社３年未満で離職しており、早期離職が多いことが明らかになりました（パーソル総合研究所・ベネッセ シニア・介護研究所，2017）。早期離職による組織や同僚に与えるネガティブな影響は前述した通りです。介護職でもできるだけ避けたい状況であることは同じです。

3　離職理由、現施設への就職理由、職業として介護職を選んだ理由

　それでは、介護職のリテンションについて検討していくに当たり、まず介護関係の仕事を辞めた理由について見てみましょう。介護労働安定センター（2023）の調査によると、以下の理由を挙げる人が多いことがわかりました（**図表 10-4**）。下線に示されるように、「介護」という職業、仕事そのものより、人間関係や所属組織の要因が多く、それに次いで労働条件に関する要因が影響していることがわかります。離職理由の分類（第３章）に従えば、「組織」原因、次いで「処遇」原因が多いということです。

■図表10-4　介護関係の仕事を辞めた理由（複数回答）

理　由	％
① 職場の人間関係に問題があったため	27.5
② 法人や施設・事業所の理念や運営のあり方に不満があったため	22.8
③ 他に良い仕事・職場があったため	19.0
④ 収入が少なかったため	18.6
⑤ 自分の将来の見込みが立たなかったため	15.0
⑥ 結婚・妊娠・出産・育児のため	8.4

（出所）介護労働安定センター（2023）　令和4年度労働実態調査

同様に、TSグループ（2020）による離職理由の調査でも「職場の人間関係に苦労したから」「給与など待遇が悪いから」が上位を占めており、人間関係・労働条件等の影響の大きさが浮き彫りになっています（**図表10-5**）。

さらに、介護職のリテンションについて深掘りしていきましょう。定着

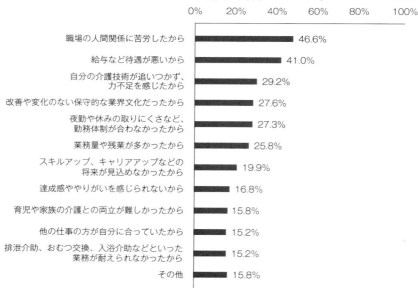

■図表10-5　介護職の離職理由（複数回答；n＝322）

（出所）TSグループ（2020）　介護職の離職に関する実態調査2020

の促進には現在の施設等に就職した理由を検討することも参考になります。その点を調査した介護労働安定センター（2023）では、以下の理由が挙げられました。まず全体では、「資格・技能が活かせる」、「やりたい職種・仕事内容」、「通勤が便利」の順でした。この結果を男女別に見てみると、男性では「やりたい職種・仕事内容」、「働きがいのある仕事だと思った」の順であるのに対し、女性では「通勤が便利」、「資格・技能が活かせる」の順でした。下線の部分からわかるように、介護職が現在の施設に就職した理由として、専門職としての専門性や仕事内容を重視している傾向が見られます。定着促進の観点からは、専門性の活用や向上のため能力開発や職務を改善していくことが重要であることが浮き彫りにされました。すなわち、施設への就職以前に、職業として介護職を選択した理由に定着のヒントがありそうです。

　そこで、職業として介護職を選択した理由について尋ねた結果、①働きがいのある仕事だと思ったから、②資格・技能が活かせるから、③人や社会の役に立ちたいから、④今後もニーズが高まる仕事だから、という順になりました（同調査，2023）。下線にあるように、仕事志向や専門性志向の高さが改めて浮き彫りになりました。前述した離職理由としては、人間関係や組織の理念・運営の在り方、収入等働きやすさの欠如が挙げられていますが、他方職業選択理由としては（専門職としての）働きがいを重視しているということです。

　この仕事志向、専門性志向の高さは、今の勤務先に限らず、「今の仕事を続けたい」と考える人の比率が、無期雇用職員・有期雇用職員ともに、職種の違いなく最も高いという結果にも見られています（同調査，2022）。しかし他方、TS グループ（2020）の調査で介護職を離職した際の経験について尋ねたところ、約 7 割の人が介護の仕事は好きだが離職しているのです。介護という仕事、職業を続けたいが離職するという多くの介護職が定着して活躍できるようなリテンション・マネジメントが求められるのです。

4 介護施設におけるリテンション・マネジメント

　それでは、事業所・施設ではどのようなリテンション・マネジメントを行っているのでしょうか。介護労働安定センター（2020）の調査によると、以下の施策の実施率が高いことがわかりました（**図表 10-6**）。

■図表 10-6　介護施設において実施しているリテンション・マネジメント（複数回答）

施　策	％
①本人の希望に応じた勤務体制にする等の労働条件の改善に取り組んでいる	64.2
②残業を少なくする、有給休暇を取りやすくする等の労働条件の改善に取り組んでいる	61.4
③職場内の仕事上のコミュニケーションの円滑化を図っている（定期的なミーティング、意見交換会、チームケア等）	50.3
④非正規職員から正規職員への転換の機会を設けている	45.6

（出所）介護労働安定センター（2020）　令和元年度労働実態調査

　全体として、労働時間管理等による労働条件の改善、第 4 章・第 5 章でも重要性が明らかにされたコミュニケーションの活性化に加え、希望による就業形態の変更を施策として重視しています。どちらかというと、①②のような働きやすさの改善に重点が置かれていることがわかります。ただし、これらの施策については、実施しているというだけで効果が上がったということを示している訳ではありません。そこで以下では、効果が上がるリテンション・マネジメントについて考えていきます。

第10章 介護職のリテンション・マネジメント

5 効果的なリテンション・マネジメントの実例

　ここからは、第7章でも触れた働きやすさと働きがいの観点から具体的な施策について見ていきましょう。

　まず、働きやすさの観点から見ていきましょう。職員の退職が増加したある介護事業所では、インカム[33]を導入しました（NHK, 2015）。夜間など、職員が少ない状況では緊急事態への対応が困難になりますが、そうした状況下でもすぐにメッセージやSOSを発信できるインカムの活用によって、突発的な緊急事態等に他の職員の助けを借りることができるようになりました。さらにその施設では、夜勤専門の職員を雇用したそうです。その結果、他の職員の夜間のシフトが大幅に減少しました。これらの施策によって、その事業所では働きやすさが向上し大幅に退職者が減ったそうです。

　また、週休3日制の導入も考えられます。週休2日8時間制から週休3日10時間制に取り組んだ施設の例が紹介されています。残業時間が減少し、利用者と関わる時間が増えたことで、変化を把握しやすくなる等の効果が見られました。さらに、職員間での引継ぎの際、正確な情報を伝え、情報共有や申し送りを円滑にするため、ビジネスチャットツールを活用する等の工夫も有効だったという例も報告されています（厚生労働省, 2021b）。

　働きがいの観点からは、介護保険外業務（サービス）の活用が考えられます。例えば、人生で最後の旅を経験してもらう旅行のアテンドなど、これまでの画一的な介護とは違う介護を実践することで、一人ひとりの介護職が独自性を発揮でき、働きがい向上につながると考えられます。また、他の専門職でも同様のものが見られますが、専門職としてのスキルを評価し向上させる仕組みも働きがいを高めます。代表的な仕組みがケアマイスター制度です。ケアマイスター制度とは、介護士の知識やスキルを向上させ、高い水準の介護を提供できるようにするための介護技術の認定制度です（日本ケアマイスター協会, 2024）。筆記試験と実技試験で介護士の技術レベルを5段階

---

[33] 携帯電話や通信機器とペアリングしたイヤホン付きのワイヤレスマイクのことです。

に分けて認定することで、目標が明確になり働きがいを感じやすくなると考えられます。介護職員処遇改善加算[34] の受給に必要なキャリアパスの要件に適合しています。すなわち、スキルレベルの向上が報酬増につながるのです。

　もちろん、その他多様な働きやすさと働きがいを高める施策を導入することが、リテンションに効果があると考えられます。人材不足の中で、働き方改革の目的である労働生産性向上の観点から考えても、働きやすさと働きがいの向上がともに必要だからです。しかし、事業所・施設の予算の制限等で限られた施策しか導入できない場合も多いでしょう。その場合は、まずは（インカムの導入等により）働きやすさを向上させることを優先させるべきではないでしょうか。働き方改革の浸透で働く人の多くは長時間労働削減、有給取得の増加等、働きやすさの向上を強く望んでいると考えられるからです。ある程度働きやすさが向上した後、働きがい向上施策（保険外サービスの活用等）を実施し、働きがいを向上させる必要があると考えられます。

6 ｜ 介護職のリテンションを促進するポイント

　それでは最後に、今後さらに介護職のリテンションを促進するポイントとしてはどのような点があるでしょうか。これを現在の仕事に関する様々な満足度、具体的には満足度 DI の観点から見ていきたいと思います（介護労働安定センター，2022）。満足度 DI とは、満足群（「満足」と答えた人＋「やや満足」と答えた人）と不満足群（「やや不満足」と答えた人＋「不満足」と答えた人）の差を意味します。これが高いほど、全体として満足度が高いと解釈されます。

　最も満足度 DI が高かったのは、仕事の内容・やりがい（46.3）でした。

---

[34] 介護職員のキャリアアップの仕組みを構築し、職場環境の改善を行う介護事業所に支給される加算で、介護職の処遇改善対策として介護報酬に上乗せ支給する仕組みです。

202

次いで、職場の人間関係・コミュニケーション（34.3）、雇用の安定性（28.8）の順でした。これに対し満足度 DI が低かった項目を見ると、教育訓練・能力開発のあり方（−4.1）、賃金（−14.7）でした。介護職の賃金は、介護報酬から支払われますが、介護保険制度によって報酬に上限があるため、必ずしも希望に近い額とはなっていません。このことから、賃金とともに、専門職としての専門性を向上させる研修等、能力開発機能を充実させる必要があるといえます。この点は、前述した TS グループの調査（**図表 10-5**）で「自分の介護技術が追いつかず、力不足を感じたから」が離職理由の上位にあること等を考え併せると、より重要なポイントといえます。

第 **11** 章

連鎖退職に陥らないた
めには

1 　社員が次々と辞めていく連鎖退職

　転職が一般化してきた現代、年に1人2人など、ぽつぽつと人が辞めていくことはどの職場でも日常的に起こるようになりました。また、例えばボーナスの支給後など、比較的退職者が増える時期というものも以前から存在しました。12月～1月には「退職の山」が来るというものです。しかし近年、そういった外から見て退職者が多いことを示す退職の山ではなく、より企業にとって深刻な退職が増えてきました。それがここで取り上げる「連鎖退職」や「退職連鎖」と呼ばれる現象です。これは、誰か1人の社員の退職では済まず、1人の退職が周囲に影響を与えて社員が次々と辞めていく、「退職が退職を呼ぶ」という状況を言います。これが続くことによって、企業の評判の悪化や最悪、人手不足倒産にも陥りかねないのです。

　第3章で触れた働く人の離職理由はいずれも自分の価値観や興味、将来の目標や見通しに基づき、本人がある程度合理的に判断していることを前提にしています。言い換えると、社員が一人ひとり個別のキャリアプランに基づき、ある程度計画的に退職することが前提になっているようです。

　しかし、近年の退職の状況や私が行った聞き取り結果に基づくと、実際の退職は、こうした個人のキャリアプランや、職場の特定の要因に関する不満など、明確な個人の意思のみに基づく訳ではないようです。

2 　連鎖退職とは何か

　連鎖退職または退職連鎖とは何か、最初に定義しておきましょう（山本, 2019）。「連鎖」とは、「物事が互いにつながっていること。また、そのつながり」を言います。つまり、一つの出来事がきっかけとなり、同種のことが

次々に起こる。これが連鎖または連鎖反応です。

つまり連鎖退職とは、社員が次々と辞めていく、つまり「退職が退職を呼ぶ」という状況を示します。これは、どちらかといえば連鎖退職を外から見た解釈です。これを、一人ひとりの主観的な観点から見ると、連鎖退職は同調行動の一種ととらえられます。同調行動とは、他人の反応に一致するような行動を言います。

人は往々にして、周囲の人の行動や意見を基準として、自分の行動や意見を決めていきます。特に、忙しい現代人は様々な意思決定をその時その時に短時間でしなければいけない状況にあります。つまり、その都度全てのことを自分でゼロから考えて意思決定するほどの時間はないからです。ただし、純粋に心理学的観点から見た同調行動と連鎖退職で大きく異なる点があります。それは心理学的観点から見た同調行動は、無意識のうちに人と同じ行動をとってしまうことを示しますが、退職連鎖は、一人ひとりが退職の際、通常退職願（届）を提出することでわかる通り、意識的な行動です（山本，2019）。

3 | 連鎖退職のパターン

連鎖退職は、どの組織でも同じように見られるのでしょうか。それとも、組織によって違いがあるのでしょうか。連鎖退職には「ドミノ倒し型」と「蟻の一穴型」という2つのパターンがあるといいます（山本，2019）。

「ドミノ倒し型」の連鎖退職は、ギリギリの人員で仕事を回しているような組織で起こりがちです。誰か一人が辞めた後の引継ぎや補充がうまくいかないまま、残った社員で業務を回していかざるを得ない場合、残された社員の負担が一気に重くなります。また、社内や部署内の人材育成が不十分だった場合には、人員が補充された場合でも改めて育成していく負担も社員にかかることになります。その結果、それまで隠れていた潜在的な不満が噴出し、次から次に退職が連鎖するというパターンです。このタイプの連鎖退職

は、中堅・中小企業に比較的多く見られると言われ、社員一人ひとりの負担にフォーカスしたパターンといえます。

一方、「蟻の一穴型」の連鎖退職は、誰か一人の社員が辞めたことの業務への影響ではなく、元々からあった職場の問題が、一人の退職をきっかけにクローズアップされることによって起こります。このケースでは、例えば不合理な仕事上の慣習、理不尽な人事評価、長年にわたる業績不振、隠蔽体質やコンプライアンス上の問題など、多くの社員が疑問に感じるような、何らかの大きな問題が元から職場に存在しています。それに疑問を持った社員が退職した後も、経営陣はその問題に手をつけることなく放置している。こうした現実を目にした社員たちの間には「結局、組織は何もしてくれない」「このままここにいても何も変わらない」というあきらめの気持ちが生まれます。そして退職者が一人また一人と増える、といったパターンが蟻の一穴型の連鎖退職です。退職者を「氷山の一角」とするなら、より多くの潜在的な退職希望者が水面下に広がっており、組織が何もしないことが明らかになれば、水面下の氷山が次々と頭を出す事態を招くといえます。

このタイプの連鎖退職は、比較的大企業に多く見られると言われます。中小企業に多い、人員不足や増員の難しさによる仕事の負担増とは異なり、主に管理職や経営者が解決すべき根本的な課題が手つかずのまま長く放置されている状態から起こるようです。

聞き取りから明らかになった根本的な課題としては、例えば、業績悪化に対して会社が有効な施策を打ってこなかった（と多くの社員に思われている）ケースや、人間関係の問題が多く存在するのに放置されているケース、さらに上司が部下を認めるような風土、同僚同士で承認し合うような風土が見られないケースなどです。

4 連鎖退職が生まれやすい組織とは

それでは、どのような組織で連鎖退職は発生しやすいのでしょうか。

第11章　連鎖退職に陥らないためには

　第1が、若い人が多い組織です。キャリア初期にある若年社員、特に「探索期」（入社1年～3年）にある社員が多い組織です。第6章で触れたように、探索期の社員には、自信のなさと他者からの影響を受けやすいという特徴があります。すなわち、同僚・上司の指導や助言がその人の心理や行動に大きく影響します。そのため、「年の近いAさんが辞めた」「信頼していた先輩が転職した」などの出来事は大きな衝撃となり、本人の離職の要因になることも少なくありません。

　このように若年の社員が多い組織には、連鎖退職が起こりやすい条件がそろっているといえます。実際、ある会社での聞き取りでも「今は皆がLINEでつながっているので、悪い噂がワーって広がるんですね。それで退職連鎖が起こる」（山本，2019）等の声が聞かれました。

　第2が、規模の小さい組織です。規模の小さい組織では良くも悪くも同僚の動向が「空気」として伝わりやすく、蔓延しやすくなります。そのため、不満などによる同調行動が起こりやすくなります。逆に比較的人数が多く共同作業が多い部署など、一人ひとりの責任や役割分担がはっきりしている場合は起こりにくいといえるようです。

5 連鎖退職の原因

　それでは、どのようなことが連鎖退職の原因になるのでしょうか。以下にまとめてみました（山本，2019）。

① 業績の悪化およびその長期化

　第3章の離職理由でも挙げられているように、会社の業績が悪化すると、将来への不安が高まります。前述したように特に20代30代など、若い世代ほど反応が速く離職する可能性が高い傾向があります。

209

② 職場環境（人間関係）の悪化（およびその長期化）

職場のトップや上司のパワハラやいじめ、長時間労働や過重労働の強制、主観的な評価による不平等感の蔓延等が原因になります。それらによって社内の雰囲気や人間関係が悪化すると、連鎖退職につながる傾向が見られます。特に、上司によるマネジメントが不適切な場合です。特定の上司がいる部署の社員が多く退職する場合、その上司のマネジメント能力の欠如が問題となります。聞き取りでは、当該上司をそうした問題が起こらないような部署に異動させたという企業事例が見られました。

③ 能力があり、実績を挙げている社員（キーパーソン）の退職

最初に退職する、すなわち退職の引き金になった人を「ファーストランナー」ということがあります。連鎖退職においては、誰がきっかけか、本当にそれは連鎖退職なのかどうかは、客観的な事実ではなく、受け取る人の主観が反映されます。会社や仕事へのネガティブ感情が強い人と並んで、キーパーソンがファーストランナーになることが多い傾向が見られます。聞き取りでも、以下のような声が聞かれました（山本，2019）。

> 「誰が最初に辞めるかが重要ですね。それが管理職だったりキーマンだったりすると、もう芋吊る式で退職が起こります。その人が引っ張る場合もある」

これによって、業績悪化の場合と同様に、会社に不安を感じる人が増えるでしょう。また、社内で尊敬してきた人がいなくなることで自分自身の目標を失い、モチベーションが低下し、退職につながる可能性が高まります。こうした場合には、1 on 1 ミーティング等も活用して、社員のキャリアや目標について個別に面談を行う等の対応が求められます。

④ 「同期」の退職

若手社員の連鎖退職で見られるのが、同期の退職の影響です。特に新卒の場合、新入社員研修などで同期意識が育まれているため、同期の退職が自分の行動に結びつきやすいようです。転職の一般化などにより、一般に同期との連帯意識は薄れてきたと言われますが、人事施策としてそれを強めよう

という会社は現在でも多く見られます。聞き取りでも、以下のような声が聞かれました（山本，2019）。

> 「新卒はキーワードかもしれないですね。仕事も覚えほかでも試してみようかなあと思った時に、同期がもう誰もいなくなっちゃった。なら自分も去ろうかなと考え始めるトリガーになる」

⑤　希望退職やリストラ

　早期退職優遇制度を導入したところ、本来その対象でない人まで辞めてしまう事例が見られます。制度を40代以上に適用したところ、20代、30代の退職者が相次いでしまったといった例です。自分がターゲットではないにしろ、会社への不安が高まり、次のキャリアへと踏み出す人が多いようです。

　バブル経済崩壊後リストラが広く行われていた頃、前述した「サバイバー・シンドローム（症候群）」という現象が言われました。これは、リストラ後も企業に残った社員（サバイバー）に特有の心理的反応です。最も特徴的なものが、次は自分がリストラされるかもしれないという怖れであり、会社に裏切られたという感情も抱きがちです。現代でも、転職が一般化する中、連鎖退職の引き金になることは十分考えられます。

⑥　事業の譲渡、Ｍ＆Ａや経営者の交代

　ベンチャー企業等で多いのが、トップの交替や事業の譲渡などで会社の体制が変わるタイミングで見られる連鎖退職です。事業譲渡やＭ＆Ａによって担当していた仕事がなくなった社員が、全く違う仕事を担当することを余儀なくされたことで連鎖退職が発生した事例が見られます。業績悪化というより、仕事の内容等、会社の対応への不満が連鎖退職のきっかけになった例といえます。

⑦　引き抜きとリファラル（紹介）採用

　退職の際に部下を一緒に連れて行く、新たな事業を立ち上げて成功した人が、元の会社から引き抜く等の例です。一方、社員の人脈を通じて人材を探し、採用するリファラル（紹介）採用も進んでいます。このような人間関

係に基づいた転職・採用では、中心になる人物が移動すると、部下も移動する事例も見られます。

⑧ 組織風土への不安・不満

　会社の体質や風土に関する不満をきっかけに、特に若い社員で連鎖退職が起こることがあります。「昔ながらの古い方法を重視しているようなところがある。良いと思って意見を出しても認められない」ことなどに対する不満といえます。「蟻の一穴型」の連鎖退職の原因といえるでしょう。

　このように連鎖退職には様々な原因があり、また原因は一つだけではなく、いくつかが組み合わさっている場合もあります。原因を早期に発見し、改善に向けて取り組むことが人事部門、管理職、経営トップを含め全社的に必要となります。

6 連鎖退職による影響

　連鎖退職が組織に及ぼす影響は、年に1人2人などの退職といったレベルを超える深刻なものがあります。これについても、以下にまとめてみました（山本，2019）。

① 会社の評判の悪化～辞めた社員による誹謗中傷～

　就職・転職情報サイトやクチコミサイトなどの掲示板が普及したことで、企業にとって深刻な問題となっているのがレピュテーション（評判）リスクです。

　レピュテーションとは、第三者から一方的に押しつけられる、いわれのない評価のことを言います。近年でも多くの企業で大量の個人情報漏洩等が起こっていますが、転職者による誹謗中傷も、企業にとって大きなリスクになることがあります。辞めた企業に対して、客観的で公平な視点で感想を述

べるのなら問題はありません。企業にとって恐ろしいのは、当人の「腹いせ」または「逆恨み」から、事実無根の情報、いわゆるフェイク情報をネット上に拡散する行為です。そういう人は自分の行動を正当化し犠牲者を装うため、ネットの匿名性を悪用し、ときには多くの第三者に事実無根の虚偽情報を吹き込みます。元当事者であるため、説得力のある巧妙な嘘をつけることもこのタイプの悪質な点です。また、会社への誹謗中傷の連鎖が続くことで表現がより過激化し、企業イメージをさらに悪化してしまうことが考えられます。一旦評判が悪化すると、企業側が評判をコントロールすることは非常に困難です（山本，2018）。

② 採用への悪影響

連鎖退職のダメージを少しでも小さくするためには、新たに人材を採用する必要があります。しかし、連鎖退職が起きた結果、企業にはSNSやWEB上の情報を通じて「ブラック企業」のレッテルを貼られやすく、採用にも悪影響を及ぼします。このことは、中途採用よりも、これまで社会人として働いたことがなく、WEB上の情報を信じやすい傾向がある学生等の新卒の採用に大きな影響を与えることが想定されます。

③ 社員教育や能力開発へのダメージ

連鎖退職が続くと、新たに人を採用しなければなりません。人がいないから募集する→採用した人にOJTで仕事を教える→すぐ辞める→また採用……を繰り返していると、社員教育が停滞します。新入社員を教育するには、人手や時間が必要です。しかし、人数が減り忙しさが増しているところにOJTとなると、教えるほうも疲弊してしまいます。さらに、これまでのような教育を受けられないことで、社員の育成にも悪影響が生じます。

④ 組織内のナレッジやノウハウの蓄積への悪影響

組織のナレッジ・マネジメントにも影響します。ナレッジ・マネジメントとは、企業や個人が持つ情報、知識やノウハウなどの「ナレッジ」を組織全体で共有し、人材育成、生産性向上や新規事業の開発などにつなげる経営手法を言います。連鎖退職は、特に組織内へのナレッジの蓄積に悪影響を与えます。ただ単に情報や知識が流出するだけでなく、専門知識やノウハウを

身につけた社員が、転職先でそれを活かして、ライバルとして立ちはだかることもあります。一方、知識やノウハウは社員一人ひとりの経験や裁量による部分すなわち暗黙知の部分もあるため、完璧に引き継ぐことはできません。そのため優秀な社員が退職すると、ナレッジの何割かは失われてしまうのです。

⑤ 現場の士気の低下

連鎖退職が発生すると、現場のモラール（士気）は低下し、雰囲気も悪くなります。「この会社は本当に大丈夫なのか」「自分は残っていていいのか」といった考えが蔓延し、新しいことにチャレンジしようとする意欲がなくなってしまいがちです。

⑥ 業務負担の増加

ドミノ倒し型の連鎖退職では典型的ですが、どの連鎖退職でも見られる悪影響です。背景には、個人情報保護法等の影響で、個人情報が含まれるファイル・資料などは持ち帰ることができないようになってきたこともあります。聞き取りでも、以下のような声が聞かれました（山本，2019）。

> 「1日に処理しなければいけない件数が、べらぼうに増えた。1人の負担が倍ぐらいになって、ミスも増えました」

⑦ 業績への悪影響

特に主要事業を行っている部署での連鎖退職は、業績悪化につながりやすいといえます。例えば、IT系企業における主要商品の花形エンジニアや、営業成績上位の営業職などのコア人材は会社にとって特に辞めてもらいたくない存在です。しかし、本人たちはエンプロイアビリティが高いため、「落ち目」と感じた会社には早めに見切りをつけて転職してしまう可能性が高いのです。

⑧ 経営組織への悪影響

組織が成長していく上で重要なのが優れた経営戦略やマネジメントであり、それを立案実行する経営組織です。特に経営陣に連鎖退職が発生するこ

214

第 11 章　連鎖退職に陥らないためには

とで、経営体制が崩壊し、組織の成長に悪影響を及ぼします。ある株式上場を目的としていた会社で聞き取りをしたところ、以下のような悪影響が見られました（山本，2019）。

> 「社長の信頼に欠けるような行動が原因で経営陣の社長への信頼が低下しました。その結果、社員から信頼されている優秀な経営メンバーが次々に辞め、さらに、その下にいるメンバーも影響を受けて辞めていきました。その後、会社の業績低下に伴い、他のメンバーも辞めていき、最終的には、社員の半分が1年半で辞めるという大規模な連鎖退職が発生しました。その結果、上場が実現不可能になりました」

　以上、連鎖退職は個人、職場、企業全体などに様々な形で悪影響を及ぼします。また、その影響は1つではなく、①と②、⑦と⑧など複数起こることが多いといえます。企業としても最大限、予防する必要があるのです。

7　連鎖退職を予防するには

　連鎖退職を予防するにはどのような施策が必要なのでしょうか。以下にまとめてみました（山本，2019）。基本的には、第5章で挙げた施策の実行が求められるとともに、それに加え、連鎖退職特有の対策も必要となります。

①　コミュニケーションの活性化

　連鎖退職の原因の一つである②職場環境（人間関係）の悪化への対策として有効です。上司と部下、部下同士のコミュニケーションの不足は、人間関係の悪化やストレスの原因となり、風通しの悪さから不正やハラスメントが発生する可能性もあるからです。また、自由に意見を言えないような職場では、日常的に不満が表出されないだけに、退職連鎖が起こりやすいといえ

215

るからです。前述した心理的安全性を高めるような施策が求められます。そのためには、ⅰエンゲージメント調査（満足度調査）等を実施し、職場のコミュニケーションにおける課題を明らかにし、改善する、ⅱ1 on 1ミーティングや職場懇談会を実施する、ⅲコミュニケーション活性化に関する研修を実施しコミュニケーションスキルの向上を図る等の施策の導入が考えられます。

②　現実的職務予告

　特に、若手社員の採用で重要な施策といえます。入社初期の若手社員のヨコのつながりを、「同期意識」として重視している企業は多いですが、仲間意識が強まることは逆にリスクも大きくなることが考えられます。「思っていたのと違った」という一人の社員のネガティブな言動がすぐにヨコに伝わり、連鎖退職につながる可能性があるためです。リアリティショックを少しでも低下させるために重要なポイントです。

③　退職時面接（面談）による退職理由の把握

　退職時面接（面談）により、退職理由をできるだけ正確に把握することです。もちろん前述したように、多くの人が本音の理由を言わないという傾向に十分配慮した上でです。その中で、社員の退職理由に共通点がないかをチェックすることが求められます。複数の社員が同様の理由を話している場合は、その点に連鎖退職の原因や自社の課題が潜んでいる可能性が高いからです。明らかになった原因と同様の理由で退職する社員が出ないよう、早めの対策が求められます。将来に向けてのリテンション・マネジメントという点は第5章と同様です。

④　キャリアデザイン研修

　第5章で詳述したように、自分のキャリアを自律的に形成、発達させていくための考え方や手法について知ってもらうための集合研修です。普段から（他人とは違う）自分の将来のキャリアを考えている人は、周りの人が辞めた際に「一緒に辞めよう」と考えることは少ないでしょう。自律的に自分のキャリアを考えてもらう、会社の中でどうしていくという道筋を考えるということが浸透すれば、比較的周りに影響を受けにくいと想定されます。

聞き取りでも次のような声が聞かれました（山本，2019）。

> 「この会社にいればもっといい経験ができるとか、給料も含め納得できると、ヨコが辞めてもあまり影響されないはず。自分にあまり自信が持てていないので、周りに影響されちゃうっていうのが連鎖だと思います」

⑤　アンガーマネジメントとそのための研修

　連鎖退職につながりやすい人間の感情として「怒り」があります。もちろん、「怒り」は誰でも持つ感情で、抑えることはできません。しかし、個人が会社や仕事に感じるネガティブ感情のもとは「怒り」と考えられ、そうした感情が強い人がファーストランナーになることが多いとすれば、組織や上司はそうした人の怒りに対処する必要があるといえます。実際、「怒りの感情は伝染しやすい」と言われ、SNS 上で最も影響力のある感情は「怒り」であるという調査結果も見られるのです。つまり、感情自体は抑えられるものではないため、それをうまくコントロールすることが求められるのです。

　そこで、「怒りの感情と上手に付き合い、振り回されないようコントロールする技術」（安藤，2018）であるアンガーマネジメントが求められます。職場で社員のストレスチェックが義務化されました。しかしそれだけでなく、連鎖退職につながるような一人ひとりのメンタルヘルスのためにも、アンガーマネジメントの様々な手法を知っておくことが重要です。アンガーマネジメントを社員が身につけるような研修が、連鎖退職予防には役立つでしょう。

⑥　社内での部下の影響力や人間関係の把握

　連鎖退職の原因の一つである③キーパーソンや高業績人材の退職における対策です。前述したように、キーパーソンや高業績人材は、ファーストランナーとして連鎖退職の引き金になることがあり、周囲への影響が大きいためです。彼らが辞めた場合、誰が辞める可能性があるかどうかが事前に把握できることが望ましいでしょう。退職連鎖は、比較的近い関係者同士で起こるのが一般的であり、同じ部署やチーム内で起こるケースが多いからです。そのためには、彼らの職場での人間関係や影響力を事前に知っておく必

要があります。そうすると、「あの人が辞めたから、火消しにかからなければ」という準備が可能になります。リテンションの種類でいえば、特定の従業員を対象とする「選抜的リテンション」であるとともに、将来に向けてのリテンション・マネジメントとなります。また、主に職場で管理職に求められている対策といえます。聞き取りでも以下のような声が聞かれました（山本，2019）。

> 「最初に辞める人がマイナスのキーパーソンになり得る。ファーストランナーを押さえ込むことは大事ですね」

⑦　退職者の引継ぎの重視とサクセッション・マネジメント

ドミノ倒し型の連鎖退職を予防するのに役立つ施策です。これは、組織（人事部門）と職場の管理職に連携して求められる施策といえます。ドミノ倒し型の場合、一人ひとりの社員が目一杯の仕事をしていることが想定されます。その状況で、ファーストランナーが重要な仕事を担当していた場合、ファーストランナーの仕事をまず短期的に手当て、つまり引継ぎをしなければなりません。これがうまくいかないと他の人にも多くの仕事が回され、負担増でまた退職者が出るという連鎖退職の悪循環に陥ります。そこで、重要なのがサクセッション・マネジメントです。

第9章でも触れた後継者育成計画と関連の深いサクセッション・マネジメントは、経営者など重要ポストの後継者の選抜や、そうしたポストを担うのにふさわしい人材の育成や準備に関する戦略的なプロセスを言います。そしてこれは、会社全体だけでなく、職場の管理職にも求められるのです。

サクセッション・マネジメントはサクセッション・プランとも呼ばれ、文字通り事前に「計画」しておくべき対策です。なぜなら現代は、職場のどの社員がいつ異動、休職、退職するかわからない時代だからです。そのため、管理職は一人ひとりの仕事を把握し、いざ必要になった場合の手当や代替要員を考えておく必要があるからです。これがある程度行われていれば、一人が退職しても引継ぎが比較的短期間ででき、他の社員への負担増、そして連鎖退職の危険を回避しやすいといえます。そして人事部門には、速やかな人材の補充や全社的な引継ぎ簡素化に向けての施策策定が求められるため、管理職との連携が必要となります。しかし実際、聞き取りでは以下のよ

うな声も見られました（山本，2019）。

> 「6〜7人でやっていた業務が、2人辞めて残りで回さざるを得なく
> なったんです。結構きついなと思ったけど、新しい人が入ってきてくれ
> て、なんとかその時は成り立ちました。一応、会社も配置を考えてくれ
> たのかなとは感じます。でももし1人辞めただけだったら、何も変わら
> なかったと思うんです。2人辞めたからこそ、（残った）4〜5人ではさ
> すがにやばいからって1人入れてくれた」

　このように、事前の計画ではなく、場当たり的な対応になるケースも多いのではないでしょうか。
　また、近年はコンプライアンスの観点等から引継ぎが煩雑になる傾向が見られますが、できるだけ簡便化、システム化すべきです。そのためには、社員一人ひとりの仕事の「見える化」を図り、いつ、誰が、どのような種類の仕事を、どの程度の量負担しているか、できるだけリアルタイムで把握しやすくする必要があります。聞き取りでも、以下のような声が聞かれました（山本，2019）。

> 「引継ぎは非常に重要です。連鎖退職にはつながらない場合でも、煩
> 雑さへの不満はかなり大きいです。まして、いざ退職が増えた場合、フ
> ラストレーションは莫大なものになると思っているので、残っている社
> 員を守るという意味でも、引継ぎの簡便化やシステム化が重要だと思い
> ますね」

⑧　（退職時の業務の混乱を防ぐため）仕事を属人化しない

　これも退職者の引継ぎに関係し、普段から組織全体および部署内で準備しておくべき対策です。社員が退職しても、職場や組織の経営が過度な打撃を被らないような組織やワーク・フローのシステムをつくる一環といえます。同時に、ドミノ倒し型の連鎖退職予防に役立ちます。業務に関する情報やスキルを一部の担当者だけが持っていると、「今日はAさんが休みだからこの業務には対応できない」という事態が発生します。このように、業務が特定の人にしかわからない状態を「属人化」と言い、退職後の引継ぎを困難

にすることがあります。つまり、退職した社員が担当していた仕事を他の社員が分担して引き継ぐ場合、属人化していた業務があると引継ぎが煩雑になり、残った社員の負担も大きくなります。そこで、専門性の高い仕事は別にして、マニュアルを用意し、普段から特定の社員に業務が集中しないようマネジメントするなど、社内でルールやシステムをつくる必要があります。例えば、日常的にもチーム作業を増やし、多様な属性や専門性を持った人材を関与させるような業務を増やすことで、特定の職員への依存度を低下させることが考えられます。

⑨ （連鎖退職の火種を残さないため）退職者への非難はしない

　転職が一般化し、キャリア自律という考え方が広がってきましたが、退職する社員は、速やかに、後腐れなく退職したいと思うでしょう。また、残った社員も、辞める社員への組織の対応をじっと見ており、対応いかんで彼らのモチベーション低下等を招きます。将来への多少の不安はあったとしても納得し、気持ちよく送り出すことができれば、連鎖退職の火種は残りにくいでしょう。つまり、退職者の非難をすることは、当該社員によるネット上への誹謗中傷の書き込み等を含め、会社の評判の悪化を招きかねません。退職後、以下のような感想を持ってもらえれば、連鎖退職につながりにくいと考えられます（山本，2019）。

> 　「最後に『頑張ってくれて良かった』みたいな感じで辞められたのは良かったです」

　ここでも、退職者が出た後、連鎖退職の火種を残さないための雰囲気づくり等、管理職の役割が重要といえます。

　以上述べてきたように、連鎖退職を起こさないために様々な工夫が考えられます。また、組織（人事部門）だけでなく、職場の管理職や同僚の対応も重要です。さらに、人事と管理職等との有機的な連携が求められます。連鎖退職が従業員退職型の人手不足倒産につながらないよう、普段のきめ細かな対策が必要なのです。

おわりに
リテンション・マネジメントの今後に向けた課題

　これまで、様々な角度から、リテンション・マネジメントについて検討してきました。少子高齢化の進行による採用難、人手不足の問題はこれからも長期的に続いていきます。今後は、これまでの取組みに加え、新たな施策の導入も必要となってくるでしょう。そこでここでは、これまでの取組みも含め、今後のリテンション・マネジメントの発展のために必要なポイントを7点にまとめて触れていきたいと思います。

① 働き方改革とリテンション・マネジメントの連動を図る

　長時間労働の削減等、全ての人の「働きやすさ」の実現をめざす働き方改革の施策とリテンション・マネジメントとの間にはめざすところに多くの共通点があります。働き方改革によって、残業時間の上限設定について法制化されたことは読者の皆様もご存知の通りです。しかしこれまでの成果にとどまらず、今後も働き方改革にはかなりの時間とコストをかける必要があります。例えば、正規社員と非正規社員との不合理な区別が解消したとはいえません。さらに、がん等に罹患した社員の離職防止、家族の介護を原因とする介護離職の防止、選択的週休3日制の導入等、働き方改革で推奨されていながら必ずしも導入が進んでいない施策が数多くあるからです。そうであれば、様々な施策をリテンション・マネジメントとの連動性を考慮しながら導入していく必要性は高いといえます。

　具体的には、働き方改革に関する新たな施策を導入した後、それが社員のリテンション向上、具体的には離職率の改善や勤続期間の長期化に結びついたかどうかを確認することです。すぐに影響が見られなかったとしても、

エンゲージメント調査等を実施し、リテンションにつながるエンゲージメントに効果があったかどうかを検討する必要があります。何らかの影響があったとすれば、その施策はリテンション・マネジメントとして効果があったといえるのではないでしょうか。また、働き方改革の成功例についても業種・職種横断的に多くの事例が公開されています。それらを積極的に取り入れてリテンションに活かしていくことが求められます。加えて、統計データ等ではこれまで直接の効果が見られなかった施策、例えば研修について、対象を絞り、対象の特性に合わせて実行することでリテンションの効果を挙げることがあります。様々な工夫を凝らして実施することが求められるのです。

② 社員の受け止め方を考慮したリテンション・マネジメント

　組織の施策を経営側から社員に向けたコミュニケーションと考えると、組織からのメッセージの受け止め方は社員によって異なり、同じではないでしょう。つまり、同じ人的資源管理に対しても、その受け止めによって引き起こされる態度が異なることが予想されます。リテンションのために施策を導入する場合も同様です。社員の定着や活躍を促進するためという意図通り伝わるかどうかは、社員の受け止め次第です。社員は施策を客観的ではなく主観的にとらえることが多いからです。人的資源管理の「有効性」を考える場合には、その点まで考慮する必要があり、それが生産管理や財務管理等、他の経営管理と異なる特徴なのです。

　そこで、経営側（人事部門）が施策を導入する際には、その内容とともに、社員がその施策をどのように受け止めるかを十分考慮する必要があります。場合によっては、事前の関係部署へのヒアリングやエンゲージメント調査の結果等も参考にすることが求められます。それこそ、前述したインターナルコミュニケーションの問題です。特に新入社員は、施策の細かい意図などは理解しづらいと思います。そこで前述した管理職の役割、すなわち人事部門の策定する施策を部下が理解しやすい言葉に「翻訳」して、日常の行動につながるよう浸透させることが重要となるのです。

③ マネジメントの見直しの必要性

　②は施策の導入までの課題といえますが、③はある程度の結果まで見た上でのマネジメントの見直しを意味します。つまり、施策の導入が当初の目

おわりに　リテンション・マネジメントの今後に向けた課題

的通り、社員の離職減少に結びついたかどうかを検討し、そうでない場合は、その原因を明らかにして次年度に活かしていくことです。そうした活動を労務監査（評定）ということがあります。労務監査は、様々な属性、就業形態、価値観の人々が働いている現代の多様化している組織では、労働紛争を事前に予防するためにも必要とされています

　リテンション・マネジメントは自発的な離職を防止するという点で、社員の心理的側面に非常に関わります。そのため、社員が全く魅力を感じないような施策は、修正または撤廃する必要があります。一般に、人的資源管理制度の寿命は5年だなどと言われることすらあるからです。そのためには、前述した退職時面接やエンゲージメント調査等による退職理由やエンゲージメントの把握が重要です。すなわち、退職者と在職者との施策への満足度や評価の違いを調査する、退職に至るまでの退職者の満足度やエンゲージメントの推移を時系列で調べ、それらが低下した要因を推測する等です。現代は、AIやヒューマンテックの活用によって、大量データの分析が可能になってきました。そうしたツールも活用しながら、リテンション・マネジメントの妥当性、実効性を検証していく必要があります。

④　リテンションの範囲を広げていく

　これまでリテンションの単位としては、企業等の組織が主に考えられてきました。しかしグローバルな人手不足状況の広がり等によってこの範囲を広げていく試みがなされています。例えば、企業グループ単位です。企業グループ内での人材公募制度などを利用し、グループ全体でリテンションしていく方法も注目されています（山本，2008）。これはリテンションの範囲を一つの組織に限定せず、グループ内で高業績人材のリテンションを図っていくという方法です。また業種・業界という単位も考えられます。アメリカの航空業界で企業間競争による勝者と敗者の出現を前提として、業界全体で社員同士をチーム単位で貸し出すという取組みを実施したという例があります。

　これらの例でもわかるように、今後は企業グループ、同一業界、同一地域内というようにリテンションの範囲が拡大していくことが考えられます。人手不足が深刻化し、優秀人材の採用がますます困難になっている現代、組織は多様な方法を組み合わせて社員のリテンションを図る必要があるといえ

ます。そしてここには、立地する企業の撤退に悩む地方自治体や高度人材の不足につながる頭脳流出の問題に悩む国も関係してくるといえるでしょう。例えば、頭脳流出は、母国で受けた教育や訓練の価値が外に流出してしまうことから、通常、経済的な損失とみなされるからです。

⑤　施策とリテンションとの関係を促進するような要因

　リテンション・マネジメントの実施に際し、施策とリテンションとの関係を促進するような要因を考慮する必要があります。なぜなら、施策の実施が直接、社員のリテンションの向上に影響するというケースばかりではないことが多くの調査からわかってきたからです。実際、組織における多様な要因の影響で施策の効果が向上し、あるいは逆に低下することが考えられるからです。その要因としては前述したように、組織レベルでは組織文化（風土）、職場・部署レベルでは上司のリーダーシップについて触れてきました。しかし、それら以外にも影響する要因が考えられます。例えば、社員のキャリア発達（形成）です。リテンション・マネジメントによって自分のキャリアが発達（形成）したと感じられるほど、定着したいという意思は強まるのではないでしょうか。実際、評価・昇進の適切性、積極的な教育訓練や雇用保障などの施策は、昇進可能性向上等のキャリアの発達を通して離職意思の低さに寄与していました（山本，2009a）。

　リスキリング、学び直しやキャリア自律への関心の高まりなど、多くの人が自分のキャリア発達（形成）を考える必要性が高まっています。そうした中、社員のキャリア発達（形成）に資するようなリテンション・マネジメントが求められているといえます。

⑥　他の目的のための施策によるリテンション向上への注目

　これまでリテンション・マネジメントとして多様な施策を検討してきました。しかし、多様な業種の組織現場では今日も社員のリテンションのために、様々な工夫がなされています。例えば、ある B to C 企業では、社員の多様性や個性を尊重して髪の色など身だしなみの基準を緩和したことで、社員のリテンションに効果が見られました。その他、顧客へのサービスの向上が目的であったデジタル化の推進が、特にシニア人材や外国籍人材のリテンションに寄与した例が見られました。このようにリテンション以外の目的で

おわりに　リテンション・マネジメントの今後に向けた課題

導入された施策がリテンションに役立ったという例が多数見られます。

　このように、他の目的のために導入された施策も意外にリテンションに影響するということが組織現場での実践から明らかにされてきています。現場での実践からの「気づき」といえるかもしれません。そうした施策を拾い上げ、場合によっては公開していくようなことも、組織や業種横断的にリテンションを考えていく場合、必要となるでしょう。

⑦　国際比較の必要性

　近年グローバル化の進展によって、わが国の企業でも海外進出の活発化による海外赴任者の増加や、外国籍社員の顕著な増加が見られます。これらの社員に対しては、国際的な観点でリテンションを考えていく必要があります。もちろん、組織における人材、特に高業績人材の重要性はどのような組織でも共通でしょう。しかし、グローバル化とローカル化を同時並行で考えるグローカルという考え方が広がっており、国の差異を超越したグローバルな視点と文化等の差異を考慮したローカルな視点の両方が必要となってきました。

　そして、これらの観点から行われたリテンション・マネジメントについての国際比較調査として、日米豪3か国の働く人を対象とした調査が行われています（山本，2009b）。調査の結果、社員の自律性を重視した組織のキャリア開発支援は、社員のキャリア発達を促すことを通じてリテンションを高めるという関係は、日本、アメリカ、オーストラリアに共通に見られました。リテンションにおよぼすキャリア自律重視のキャリア開発支援の効果は文化圏の違いを超えて高いことが示されたのです。

　特に多国籍企業等の経営において、同一の施策が国籍や文化の違いを超えて人材のリテンションに有効かどうかについての検証は重要です。国や地域等の下位文化の違いに十分に配慮した、リテンション・マネジメントの国際比較調査が多く行われることを期待したいと思います。

225

＜引用文献＞

安藤俊介 2018：アンガーマネジメント実践講座 PHP 研究所.

朝日新聞 2024：増えるビジネスケアラー　ベテラン社員の介護離職、防ぐため 6 月 12 日朝刊.

あしたのチーム 2015：中小企業の人事に関する調査.

あしたのチーム 2020：経営者・人事担当者の 2019 年度振り返り調査.

ビッグローブ 2018：働き方改革に関する意識調査.

地方経済総合研究所 2017：女性の仕事と子育てに関する調査〜求められる社員の理解と意識改革〜.

Confinkle Business Studio 2022：メンター制度に関する調査.

Dalton, D.D., Todor, W.D., & Krackhardt, D.M. 1982 Turnover overstated: The functional taxonomy. *Academy of Management Review*, **7**, 117-123.

Edmondson, A. C. 2012 *Teaming: How organizations learn, innovate and compete in the knowledge economy*, Jossey-Bass（野津智子［訳］2014：チームが機能するとはどういうことか 英治出版）.

エン・ジャパン 2016：アンケート集計結果レポート第 110 回「人材のリテンションについて」.

エン・ジャパン 2018：「退職」をテーマとするアンケート.

エン・ジャパン 2019a：転職コンサルタント 100 人に聞いた！転職理由の「本音」と「建前」―『ミドルの転職』転職コンサルタントアンケート.

エン・ジャパン 2019b：「中途入社者の定着」実態調査.

エン・ジャパン 2022：退職理由のホンネと建前.

エン・ジャパン 2023：中途採用者が定着しない原因とは？ 14 の解決策.

エン・ジャパン 2024：「転勤」に関する意識調査.

Ference, T., Stoner, T., & Warren, E.K. 1977: Managing the career plateau. *Academy of Management Review*, **2**, 602-612.

Frazier, M.L., Fainshmidt, S., Klinger, R. L., Pezeshkan, A., & Vracheva, V. 2017: Psychological safety: A meta-analytic review and extension. *Personnel Psychology*, **70**, 113-165.

Frey, C.B., & Osborne, M.A. 2017: The future of employment: How susceptible are jobs to computerisation? *Technological Forecasting and Social Change*, **114**, 254-280.

ギャラップ社 2023：ギャラップ職場の従業員意識調査：日本の職場の現状レポート.

畑村洋太郎 2007：数に強くなる 岩波書店.

本田由紀 2016：日本の人事部 やりがい搾取.

HR ビジョン 2018：日本の人事部 人事白書 2018.

引用文献

HR ビジョン 2019：日本の人事部 人事白書 2019.

HR ビジョン 2020：日本の人事部 人事白書 2020.

HR ビジョン 2022：日本の人事部 人事白書 2022.

HR ビジョン 2024：日本の人事部 人事白書 2024.

Indeed Japan 2023：転勤に対するイメージに関する調査.

Job 総研 2023：2023 年人事評価の実態調査.

介護労働安定センター 2020：令和元年度介護労働実態調査. 介護労働者の就業実態と就業意識調査 結果報告書.

介護労働安定センター 2022：令和 3 年度介護労働実態調査. 介護労働者の就業実態と就業意識調査 結果報告書.

介護労働安定センター 2023：令和 4 年度介護労働実態調査. 介護労働者の就業実態と就業意識調査 結果報告書.

経済産業省 2018：将来の介護需給に対する高齢者ケアシステムに関する研究会報告書.

経済産業省 2022：人的資本経営の実現に向けた検討会〜人材版伊藤レポート 2.0

金恵真 1996：組織文化と人的資源管理施策—組織と個人との価値一致の観点から— 三田商学研究. **39**, 71-79.

国土交通省 2024：テレワーク人口実態調査.

厚生労働省 2007：転職者実態調査の概況.

厚生労働省 2014：働きやすい・働きがいのある職場づくりに関する調査報告書.

厚生労働省 2016：転職者実態調査の概況.

厚生労働省 2019a：令和元年労使コミュニケーション調査.

厚生労働省 2019b：労働経済白書 令和元年版労働経済の分析.

厚生労働省 2021a：転職者実態調査の概況.

厚生労働省 2021b：介護現場における「多様な働き方」取組み事例集.

厚生労働省 2023a：能力開発基本調査.

厚生労働省 2023b：新規学卒者の離職状況.

厚生労働省 2023c：令和 5 年「高年齢者の雇用状況」.

厚生労働省 2024a：能力開発基本調査.

厚生労働省 2024b：第 9 期介護保険事業計画に基づく介護職員の必要数について.

厚生労働省 2024c：若年者雇用実態調査.

厚生労働省 雇用動向調査（各年）.

Lawler, E.E. Ⅲ. 1986: *High-involvement management: Participating strategies for improving organizational performance*. San Francisco, Cal.: Jossey-Bass.

Likert, R. 1961: *New patterns of management*, McGraw-Hill.（三隅二不二［訳］1964 経営の行動科学—新しいマネジメントの探求 ダイヤモンド社）.

Mobley, W.H. 1982: *Employee turnover: Causes, consequences, and control*. Reading,

Mass.: Addison-Wesley.

文部科学省 2009：民間企業の研究活動に関する調査報告.

森五郎 1989：労務管理序論 森五郎（編）労務管理論（新版）有斐閣.

守島基博 2001：内部労働市場論に基づく 21 世紀型人材マネジメントモデルの概要. 組織科学，**34**，39-52.

村山賢哉・鄭年皓・山下洋史 2007：組織におけるドロップアウトとスピンアウトの行動フレームワーク．日本経営システム学会第 38 回全国研究発表大会講演論文集，200-201.

内閣府 2022：令和 5 年版高齢社会白書.

NHK 2015：介護職の働き方改革〜人材確保の最前線 2015 年 4 月 1 日放映.

日本ケアマイスター協会 2024：ケアマイスター制度の概要.

日本経済団体連合会 2020：人材育成に関するアンケート調査結果.

日本経済団体連合会 2022：副業・兼業に関するアンケート調査結果.

日本メンター協会 2022：メンター制度導入実態調査.

日本能率協会 2023：日本企業の経営課題 2023.

日本生産性本部 2012：「人事部門が抱える課題とその取り組み」に関するアンケート調査結果概要.

日本生産性本部 2017：若者が定着する職場づくり取組事例集 厚生労働省.

日本生産性本部 2018：若者が定着する職場づくり取組事例集 厚生労働省.

二枚目の名刺 2017：大企業の正社員 1,236 名に聞いた、副業に関する意識調査.

日経リサーチ 2020：コロナ禍で広がるテレワーク.

OLC GROUP 2024：行動規準「The Five Keys〜5 つの鍵〜」.

Park, T.Y., & Shaw, J.D. 2013: Turnover rates and organizational performance: A meta-analysis. *Journal of Applied Psychology*, **98**, 268-309.

パーソルキャリア 2021a：第 3 回自社のリモートワーク・テレワークに関する調査.

パーソルキャリア 2021b：第 3 回リモートワーク・テレワーク企業への転職に関する調査.

パーソル総合研究所 2021：人事評価制度と目標管理の実態調査.

パーソル総合研究所 2023：第三回 副業の実態・意識に関する定量調査.

パーソル総合研究所 2024：転勤に関する定量調査.

パーソル総合研究所・ベネッセシニア・介護研究所 2017：介護人材の離職実態調査 2017.

リクルート 2023：企業の人材マネジメントに関する調査 2023 人事制度／人事課題編.

リクルートエージェント 2024：年代別転職理由の本音.

リクルートマネジメントソリューションズ 2020：テレワーク緊急実態調査.

リクルートマネジメントソリューションズ 2021：若手・中堅社員の自律的・主体的なキャリア形成に関する意識調査.

リクルートマネジメントソリューションズ 2022a：個人選択型 HRM に関する実態調査.

リクルートマネジメントソリューションズ 2022b：1on1 ミーティング導入の実態調査.

リクルート就職みらい研究所 2024：入社後の配属に関する状況.

リスキル 2019：今すぐ改善！効果的な褒め方・叱り方研修のポイント（企業内学習の戦略）.

労働政策研究・研修機構 2007：若年者の離職理由と職場定着に関する調査，JILPT 調査シリーズ，**36**.

労働政策研究・研修機構 2016：第 7 回勤労生活に関する調査.

労働政策研究・研修機構 2017：企業における転勤の実態に関する調査.

労働政策研究・研修機構 2019：人手不足等をめぐる現状と働き方等に関する調査.

労働政策研究・研修機構 2020a：企業における福利厚生施策の実態に関する調査―企業／従業員アンケート調査結果.

労働政策研究・研修機構 2020b：人生 100 年時代のキャリア形成と雇用管理の課題に関する調査.

労働政策研究・研修機構 2023：企業のキャリア形成支援施策導入における現状と課題，労働政策研究報告書，**223**.

労務行政研究所 2021：国内転勤に関する実態調査 労政時報，**4013**.

Rousseau, D.M. 1990: Assessing organizational culture: The case for multiple methods. In B. Schneider (Ed.), *Organizational climate and culture*. San Francisco, CA: Jossey-Bass.

産業・組織心理学会編 2009：産業・組織心理学ハンドブック 丸善.

Schaufeli, W.B., Salanova, M., González-Romá, V., & Bakker, A. B. 2002: The measurement of engagement and burnout and: a confirmative analytic approach. *Journal of Happiness Studies*, **3**, 71-92.

Sheridan, J.E. 1992: Organizational culture and employee retention. *Academy of Management Journal*, **35**, 1036-1056.

Six Seconds 2013: White Paper: Increasing employee engagement at Komatsu.

Society for Human Resource Management (SHRM) 2006: *Talent management survey report*. Society for Human Resource Management.

総務省 2023a：就業構造基本調査.

総務省 2023b：通信利用動向調査報告書（企業編）.

総務省 労働力調査（各年）.

高橋弘司 2002：組織社会化 宗方比佐子・渡辺直登（編）キャリア発達の心理学―仕事・組織・生涯発達 川島書店，31-54.

転職サービス doda 2024：「転職理由ランキング」2023 転職理由ランキング.

東京商工リサーチ 2024：2023 年「人手不足」関連倒産.

TS グループ 2020：介護職の離職に関する実態調査 2020.

Towers Perrin 2003: Working today: Understanding what drives employee engagement: The 2003 Towers Perrin Talent Report.

Towers Watson 2014: *Global workforce study*.

津田眞澂 1993：人事労務管理 ミネルヴァ書房.

上田恵陶奈 2017：AI と共存する未来〜AI 時代の人材〜 野村総合研究所.

Unipos 2018：感謝と仕事に関する調査.

若林満 1987：管理職へのキャリア発達―入社 13 年目のフォローアップ 経営行動科学, 2, 1-13.

Wong, W., Anderson, V., & Bond, H. 2019: *Human capital management standards: A complete guide*. Kogan Page.

山本寛 2008：転職とキャリアの研究［改訂版］―組織間キャリア発達の観点から 創成社.

山本寛 2009a：人材定着のマネジメント－経営組織のリテンション研究 中央経済社.

山本寛 2009b：組織のキャリア開発の観点からみたリテンション・マネジメントの国際比較. 青山経営論集, 44, 133-152.

山本寛 2010：女性活用によるリテンション・マネジメント―上司の性別等の観点から クォータリー生活福祉研究, 18, 19-31.

山本寛 2014：昇進の研究［増補改訂版］―キャリア・プラトー現象の観点から 創成社.

山本寛 2018：なぜ、御社は若手が辞めるのか 日経 BP マーケティング.

山本寛 2019：連鎖退職 日本経済新聞出版.

読売新聞 2023：社員の子どもだけじゃない ファミリーデー 参加者拡大 12 月 20 日朝刊.

≪著者紹介≫

山本　寛（やまもと・ひろし）

青山学院大学経営学部教授
早稲田大学政治経済学部卒業
その後、銀行などに勤務、大学院を経て、現在青山学院大学経営学部・大学院経営学研究科教授。博士（経営学）。メルボルン大学客員研究員歴任。日本労務学会賞（奨励賞）、経営科学文献賞、日本応用心理学会奨励賞、日本労務学会賞（学術賞）、経営行動科学学会優秀事例賞、青山学術褒賞、以上各賞受賞、日本の人事部『HR アワード』入賞。

＜専門領域＞人的資源管理論　組織行動論　キャリア・ディベロップメント

＜主要業績＞
著書（単著）：『働く人の専門性と専門性意識－組織の専門性マネジメントの観点から』（創成社 2023 年）、『連鎖退職』（日本経済新聞出版 2019 年）、『なぜ、御社は若手が辞めるのか』（日経 BP マーケティング 2018 年）、『「中だるみ社員」の罠』（日経 BP マーケティング　2017 年）、『昇進の研究［増補改訂版］─キャリア・プラトー現象の観点から』（創成社 2014 年）、『働く人のためのエンプロイアビリティ』（創成社 2014 年）、『人材定着のマネジメント－経営組織のリテンション研究』（中央経済社 2009 年）、『自分のキャリアを磨く方法－あなたの評価が低い理由』（創成社 2008 年）、『転職とキャリアの研究［改訂版］─組織間キャリア発達の観点から』（創成社 2008 年）
著書（編著）：『働く人のキャリアの停滞－伸び悩みから飛躍へのステップ』（創成社 2016 年）
著書（主な共著・分担執筆）：『産業・組織心理学－変革のパースペクティブ』（福村出版 2010 年）、『現代の人的資源管理』（学文社 2004 年）、『雇用システム』（エム・シーコーポレーション 2002 年）、『人事管理システム』（エム・シーコーポレーション 2002 年）、『人的資源管理要論』（晃洋書房 2000 年）。その他論文多数。

e-mail: yamakanhiro@gmail.com
研究室ホームページ https://yamamoto-lab.jp/

人事労務担当者のための　リテンション・マネジメント
人材流出を防ぐ実践的アプローチ　　　　　　　令和 7 年 2 月 20 日　初版発行

検印省略

著　者	山　本　　　寛
発 行 者	青　木　鉱　太
編 集 者	岩　倉　春　光
印 刷 所	日 本 ハ イ コ ム
製 本 所	国　　宝　　社

〒 101 − 0032
東京都千代田区岩本町 1 丁目 2 番 19 号
https://www.horei.co.jp/

（営　業）	TEL	03 − 6858 − 6967	E メール	syuppan@horei.co.jp
（通　販）	TEL	03 − 6858 − 6966	E メール	book.order@horei.co.jp
（編　集）	FAX	03 − 6858 − 6957	E メール	tankoubon@horei.co.jp

（オンラインショップ）　　https://www.horei.co.jp/iec/
（お詫びと訂正）　　https://www.horei.co.jp/book/owabi.shtml
（書籍の追加情報）　　https://www.horei.co.jp/book/osirasebook.shtml

※万一、本書の内容に誤記等が判明した場合には、上記「お詫びと訂正」に最新情報を掲載
しております。ホームページに掲載されていない内容につきましては、FAX または E メー
ルで編集までお問合せください。

・乱丁、落丁本は直接弊社出版部へお送りくださればお取替えいたします。

・ JCOPY 〈出版者著作権管理機構　委託出版物〉
本書の無断複製は著作権法上での例外を除き禁じられています。複製される場合は、その
つど事前に、出版者著作権管理機構（電話 03-5244-5088、FAX 03-5244-5089、
e-mail: info@jcopy.or.jp）の許諾を得てください。また、本書を代行業者等の第三者に依頼
してスキャンやデジタル化することは、たとえ個人や家庭内での利用であっても一切認め
られておりません。

© H. Yamamoto 2025. Printed in JAPAN
ISBN 978-4-539-73081-2